U0584453

Spiritual Culture
青心文化

张爱玲

遗世独立，清醒高贵

陈亚红 —— 著

中国青年出版社

图书在版编目（CIP）数据

张爱玲：遗世独立，清醒高贵/陈亚红著.
北京：中国青年出版社，2024. 10. -- ISBN 978-7
-5153-7464-2

Ⅰ. K825.6

中国国家版本馆 CIP 数据核字第 2024Q9J930 号

张爱玲：遗世独立，清醒高贵

作　　者：陈亚红
责任编辑：吕娜
特约策划：西离
封面插图：里里
书籍设计：安宁
出版发行：中国青年出版社
社　　址：北京市东城区东四十二条 21 号
网　　址：www.cyp.com.cn
经　　销：新华书店
印　　刷：山东新华印务有限公司
规　　格：787mm×1092mm　1/32
印　　张：9.25
字　　数：162 千字
版　　次：2025 年 1 月北京第 1 版
印　　次：2025 年 1 月山东第 1 次印刷
定　　价：69.00 元

如有印装质量问题，请凭购书发票与质检部联系调换。联系电话：010-57350337

序言

民国才女张爱玲有着显赫的家世。父亲张志沂是清末名臣张佩纶与李鸿章之女李菊耦的独子，母亲黄素琼是长江水师提督黄翼升的孙女，结婚时是一对人人称羡的金童玉女。张志沂没有父亲的学富五车，却有着嫖妓、赌钱、吸大烟、养姨太太等众多恶习，受过西方教育的黄素琼对这些行为深恶痛绝。张爱玲 10 岁时，三观不合的父母协议离婚，张爱玲的监护权与抚养权给了张志沂。

1938 年，18 岁的张爱玲与父亲发生冲突，被囚禁半年后从家里逃出，投奔母亲。黄素琼让她在嫁人与读书中做一选择。原生家庭的破裂让张爱玲清醒地意识到，婚姻与男人不是女人幸福生活的保障，唯有独立与奋斗才能得到自己想要的一切。她果断地选择了读书，这一选择决定了她的人生轨迹。

这一年，她参加伦敦大学远东区的入学考试，得了第一名，因战事激烈无法前往就读，于第二年持伦敦大学成绩单入读香港大学。张爱玲对自己的大学生涯有着明确的目标规划，已在文学领域显露才情的她没把时间花在写作上，而是扎实地学习文化知识，希望通过优异的成绩被学校保送至美国牛津大学。

1942年，香港沦陷，香港大学因此停课，还未完成学业的张爱玲不得不回到上海。此时，张爱玲与父亲已断绝关系多年，母亲也已漂洋过海，养活自己成为当下最重要的问题。她知道自己在待人接物方面天生愚笨，不适合从事那些需要讨好人的职业，最合适的工作是不需与人打交道的职业。张爱玲再次对自己的人生做出抉择——"写文为生"。她精准地把握住了自己的优势，并将它发挥极致，在不到两年的时间内，让自己从一个籍籍无名的女人一跃成为上海滩鼎鼎有名的女作家。

她的作品吸引了大批读者，其中一人叫胡兰成。胡兰成比张爱玲大十几岁，是一个标准的情场老手，认识张爱玲时，已有过多段婚姻。在胡兰成面前，涉世未深的张爱玲毫无招架之功，从一开始交往就处于下风，形容自己是"一朵开在尘埃里的花"。与张爱玲结婚不久，胡兰成又接二连三地与其他女人产生瓜葛。从小在缺爱中长大的张爱玲，希望拥有一份完整的爱情，博爱的胡兰成却到处留情，张爱玲只得忍痛放手。

一个没有亲情、没有爱情的城市，也就没有了温度。1952年，32岁的张爱玲离开上海，再次抵达香港，短暂求学于香港大学。3年后，她离开香港，到达18岁时就向往的美国。

1956年，36岁的张爱玲在美国遇见第二任丈夫赖雅。赖雅毕业于哈佛大学，后在麻省理工学院任教，一心想做战地记者的他辞去教职工作，前往战场，最后辗转成为一名自由撰稿人。两人在麦克道威尔文艺营认识，初见便有相见恨晚之感。半年后，两人在纽约结婚。除了1961年10月那次张爱玲台湾、香港之行外，婚后两人很少分离。1967年10月，赖雅去世，张爱玲开始离群索居，很少与人来往，文字成为生活的重要部分。

1995年9月8日，张爱玲的遗体在洛杉矶的一间公寓内被人发现，此时与她离世已有一星期左右。去世前，她清醒地把重要物件整理进一个手提包，放在门口的折叠桌上，穿上喜欢的衣服，铺上干净的毯子，躺在床上，安静地离去。她在遗书中说，去世后不搞任何仪式，马上火葬，遗体不给任何人看，骨灰撒向空旷的无人之处。

活着时，她不想被人过多地打扰；去世后，她也不想过多地打扰别人，以致连骨灰都要撒向无人的旷野。她想从这个世界上彻底地消失，仿佛从来没有来过，可是她的文字使她成为一个经久不衰的传奇，"张爱玲热"跨越两个世纪，依然方兴未艾。

20世纪40年代，她一炮而红，成为上海文坛最耀眼的星星，作品集《传奇》《流言》等一版再版；20世纪60年代，在美国的夏志清评价张爱玲为"今日中国最优秀最重要的作家"，以致台湾出现了第一批"张迷"，这些"张迷"中有后来成为文学大家的白先勇、陈若曦等。1984年，因为当代作家柯灵的一篇《遥寄张爱玲》，《读书》《收获》杂志发表了张爱玲的代表作《倾城之恋》，使张爱玲再次走入国人眼中，引起大众注意。1985年，北大教师温儒敏与他人合编完成《中国现代文学三十年》，张爱玲就是其中一位作家，更多的大学生从这本书中知道了张爱玲。1995年9月，随着张爱玲的去世，"张爱玲热"达到高潮，各种张爱玲文集及影视改编层出不穷。据有人统计，有关于张爱玲的图书在内地就出版了上百种。进入21世纪，随着近代政治史料及一些民国资料的大量问世，出版行业掀起"民国热"，作为民国时期重要的女作家之一，再次推动了"张爱玲热"。

是什么力量推动一波又一波的"张爱玲热"？她的人生经历与她的文学成就有着怎样千丝万缕的联系呢？本书将告诉您一个不一样的张爱玲。

目录
Contents

目录
Contents

目录
Contents

第一卷

苍凉深处等春来

生命是一袭华美的袍，
爬满了蚤子。

　　半夜醒来，看到床前散落着淡淡的月光，张爱玲披衣而起，推开窗，深蓝的天空上，挂着一轮稍显丰盈的月亮。就是这轮月亮，照过几十年前的上海，也照过一个世纪前的上海。

　　三十年前的上海，一个有月亮的晚上……我们也许没赶上看见三十年前的月亮。年轻的人想着三十年前的月亮该是铜钱大的一个红黄的湿晕，像朵云轩信笺上落了一滴泪珠，陈旧而迷糊。老年人回忆中的三十年前的月亮是欢愉的，比眼前的月亮大，圆，白；然而隔着三十年的辛苦路往回看，再好的月色也不免带点凄凉。（张爱玲《金锁记》）

　　这轮存在了几十亿年的月亮照过上海的每条街，街上的每座房子，包括上海麦根路（今康定东路）上那座红砖大宅。20世纪20年代，上海公共租界西区的麦根路313号是一座建于清末的仿西式豪宅，红色的砖墙上有着泥灰剥落的痕迹，那些背阴潮湿的墙角长满了绿苔，人们一眼就能看出这座房子已经有些年头了。屋顶豪华别致的装饰、窗户上青砖构成的各式精美图案都透露出屋主的不一般。

1920年9月的最后一天，从这座逐渐苍老的大宅里传出一声婴儿嘹亮的啼哭，哭声透过敞开的窗户在麦根路上空久久回荡。窗外有棵梧桐树，树上的喜鹊被突如其来的哭声惊起，拖着长长的尾巴掠过屋檐飞向远方。

伺候在产房里的用人看到孩子平安落地，匆匆跑到大堂上，向等候在那里的长辈低声汇报："少奶奶生了个女娃子。"

知道里屋母女平安，一个长辈笑着说："女娃又何妨，张家的女娃谁敢瞧不起？！"

确实，这里住的不是一般的张姓人家。这房子是晚清名臣李鸿章给女儿的嫁妆，而这刚落地的女婴便是李鸿章的曾外孙女。张家为女婴取名"张瑛"，十年后，由她母亲改名为"张爱玲"。谁都没能想到，这个名叫张瑛的女孩在多年后，名字竟然响彻上海文坛，最终成为一个传奇。

张爱玲的曾外祖父李鸿章是洋务运动主要领导人之一，与曾国藩、张之洞、左宗棠并称为"中兴四大名臣"，生前官至直隶总督兼北洋通商大臣，身后被慈禧太后称赞为"再造玄黄"之人。他是一位备受争议的历史人物，一生娶过两个女人。原配周氏与他可谓是青梅竹马，结婚后两人生活和睦，相敬如宾。遗憾的是周氏在咸丰十一年（1861）去世，没有给他留下一子半女。

周氏去世后，李鸿章娶了名门之后赵小莲为妻。赵小莲的祖父是嘉庆元年的状元赵文楷，父亲赵昀亦为清末进士。生于书香门第的赵小莲自然心高气傲，自有一套择夫标准，立志非将才不嫁，如此一拖拖到24岁，遇到有人把她介绍给李鸿章，也算是天遂人愿，满心欢喜。

赵小莲是李鸿章的福星。自从李鸿章娶了赵小莲后，不但官运亨通、步步高升，而且还添了一子两女。小女名叫李经璹，小字菊耦，后来嫁给清末名臣张佩纶，便是张爱玲的奶奶。

张佩纶，字幼樵，同治进士，早年在京城与李鸿藻、张之洞、陈宝琛等同为"清流"，以弹劾大臣而闻名。袁世凯曾说："天下翰林真能通的，我眼里只有三个半，张幼樵、徐菊人、杨莲府，算三个全人，张季直算半个。"

从袁世凯对张佩纶的评价可以看出他的才能非一般人能及。俗话说，"三岁看小，七岁看老"，张佩纶少年求学时反应就甚敏捷，数千字的文章竟能一挥而就。

在娶李菊耦之前，张佩纶有过两段婚姻。原配朱氏生过两个孩子，长子早夭，二子张志潜；朱氏死后，继室边氏在张佩纶流放期间病亡，没有生育。张佩纶四十多岁时，李鸿章亲自做媒，把最喜爱的幺女许他为妻。婚后，李菊耦生下一子一女，儿子张志沂便是张爱玲的父亲，女儿张茂渊便是张爱玲在文中多次提到过的姑姑。

李菊耦从小聪明伶俐，深得李鸿章喜欢，一直把她带在身边，当成自己的左右手。一晃，李菊耦二十多岁了，那时女子二十多岁未婚配已是剩女。李菊耦的母亲赵氏急了，连连催促李鸿章为女择婿。在夫人的一再催促下，李鸿章放眼朝野寻找与爱女匹配之人，经过苦思冥想，认为唯有连丧两妻的张佩纶才是最佳人选。

当赵夫人得知丈夫选的是比女儿大十多岁的张佩纶时，极度不满，李鸿章却说："此人的才干要胜我十倍，将来若是封了伯爵，女儿就是伯爵夫人，大个十几岁又何妨？"

这段年龄差距大又含有不少政治成分的联姻，竟然没有影响张佩纶夫妻的婚姻生活。结婚后，张佩纶与李菊耦赌棋抚琴、吟咏唱和，过上了幸福的日子。张佩纶在文集《涧于日记》中这样描述婚姻生活："以家酿与菊耦小酌，月影清圆，花香摇曳，酒亦微醺矣。"张佩纶在编撰藏书时，还和李菊耦合写了一本食谱和一部武侠小说。夫唱妇随是中国式幸福婚姻的典范。

天妒有情人，这样的好日子没有维持多久，1903年，张佩纶因病去世。这一年，李菊耦才37岁，幼子张志沂只有7岁，女儿张茂渊才2岁。李菊耦满怀悲戚，无事不再外出，终日致力于闭门教子。她对儿子的管教很严，盯着张志沂背书，背不出就用木板打手心或罚跪。李菊耦的苦心没有白费，这让张志沂有了深厚的文学底蕴，多年后，张志沂还能将一些古文倒背如流。

李菊耦督促儿子学习的同时，也管束他平时的饮食起居。她喜欢给张志沂穿红红绿绿的衣服，穿绣花的鞋子，把他装扮成女孩的模样。或许是因为母亲异于常人的管教方式，成年后的张志沂尽管受过洋教育，却思想保守，是典型的遗少，吸大烟、娶姨太太，旧习一应俱全。

1915年，张志沂与一个叫黄素琼的女子结婚。黄素琼也是名门之后，祖父是在"大清国"立下过汗马功劳的清末长江七省水师提督黄翼升。可惜黄家家丁单薄，黄翼升只有一子，名叫黄宗炎，就是张爱玲的外公。

黄宗炎早年中举，黄翼升为他捐了四品道台的官位，承袭爵位后赴广西出任盐道。到黄宗炎这代还是人丁不兴旺，嫡妻一直没有生育。后来，从长沙买了一个穷家姑娘做小妾。黄宗炎赴广西上任时，她刚好有孕在身，便把她留在南京。

在广西任职不满一年，黄宗炎因感染"瘴气"去世，年仅30岁。这时，黄家把全部希望寄托在怀孕的小妾身上。1893年，这位小妾为黄家生下一对龙凤胎，女的便是张爱玲的母亲黄素琼，男的就是张爱玲的舅舅黄定柱，产妇却死于这次难产中。

黄素琼出身豪门，自幼父母双亡，由嫡母养大，童年并不幸福。可是她是位了不起的裹脚女人，从清朝走向民国，从中国走向世界，用三寸金莲走遍千山万水，成为中国第一代"出走的娜拉"。

有着显赫家世的张爱玲，因父母性格不合，幼年时原生家庭破裂，在缺爱的环境中成长起来，从而形成她孤傲与凌厉的性格，致使她一生都在寻找爱和被爱。

到处都是传奇，可不见得有那么圆满的收场。胡琴咿咿呀呀拉着，在万盏灯火的夜晚，拉过来又拉过去，说不尽的苍凉故事——不问也罢！（张爱玲《倾城之恋》）

这段话仿佛是她写给多年后的自己的。她把一生活成了传奇，却也只是一个说不尽道不完的苍凉故事罢了！

懵懂幸福

除了胞妹张茂渊，张志沂还有两个同父异母的哥哥，大哥张志沧早夭，二哥张志潜。张爱玲在名义上是过继给那位大伯父的，所以她叫自己的父亲为"二叔"，母亲为"婶婶"。

张志沂和黄素琼一个是张御史的少爷，一个是黄军门的小姐，结婚时是一对人人称羡的金童玉女。结婚初期，他们与二哥张志潜一家住在一起。张志潜比张志沂大17岁，残留着封建习俗与家规的张家有着长兄如父、长嫂似母的古习。有哥嫂的管束，这对年轻的小夫妻感到生活拘谨，一直想搬出去单过，只是找不到合理的借口。生活在这个深宅大院子里，受过新思想、新教育的黄素琼常常被压抑得透不过气来，只能一趟趟往娘家跑。

1922年，张志沂通过堂兄北洋政府交通部总长张志潭的引介（张于 1921 年 5 月出任该职），在津浦铁路局谋了个英文秘书的闲职。为了摆脱兄嫂的约束，张志沂趁此机会分了家，带着妻子、妹妹及一双儿女从上海搬到天津，住进位于天津法租界 32 号路 61 号的祖居。

那年张爱玲 2 岁，弟弟张子静 1 岁。在这幢三层连体的花园洋房内，后院、天井、秋千架等设施齐全，张爱玲姐弟在这里生活了六年。生活在这里的日子可以说是张爱玲一生中最幸福的时光，虽然年少懵懂，记忆却是那样美好，觉得"童年的一天一天，温暖而迟慢，正像老棉鞋里面，粉红绒里子上晒着的阳光"。

刚到天津时，张志沂一家过着富裕的生活。张志沂与兄长分家时，分到不少的房屋与地产，再加上黄素琼那份丰厚的陪嫁，足够他们风风光光地生活。

那一年，我父母二十多岁，男才女貌，风华正盛，有钱有闲，有儿有女。有汽车，有司机，有好几个烧饭打杂的用人，姊姊和我还都有专属的保姆。那时的日子，真是何等风光。（张子静《我的姐姐张爱玲》）

出生于上海的张爱玲始终认为第一个家在天津，她对人生最初的记忆也是从天津开始的。她清楚地记得带她的保姆姓何，叫"何干"，不知是哪里的方言，当时大家称老妈子为"什么干"。成年后的张爱玲重新回忆起"何干"时，认为这个称呼很时髦，就像当下流行的笔名"何若""何之""何心"一样。上了年纪的"何干"颈项上下垂的皮肤成了松软的皮，张爱玲小时候脾气不好，只要不耐烦，就伸手把她的脖子抓得满是血痕。

那时张家实在风光，常常人来人往。为了不打扰到大人，家里来客人时，姐弟俩的保姆就把他们带到院子里。院子里有个秋千，一个额头上留有疤痕的丫鬟，有空时就在那里荡秋千。因为那疤，张爱玲给她取名叫"疤丫丫"。"疤丫丫"是个荡秋千的高手，能荡得很高。有一次，"疤丫丫"荡得太高，直接翻了过去，吓得在场的人都赶紧闭上眼睛，不忍看她落地的惨相。当大家睁开眼睛时，却看到她稳稳地坐在秋千上，正满脸得意地笑着。

生性活泼勇敢的张爱玲在保姆的护持下，很快学会了荡秋千，她很享受整个人飞起来的感觉，仿佛自己成了一只展翅飞翔的鸟儿。作为男孩的张子静却因胆小而不敢玩，只能一脸羡慕地站在一旁。

张子静长得很漂亮，胆子却特别小。张爱玲的散文《童言无忌》里其中有一段是描写张子静的，这是这个在近代文学史上创造轰动传奇的女作家唯一一次在自己的文字里写到她的胞弟：

　　我弟弟生得很美丽，我一点也不。从小我们家里谁都惋惜着，因为那样的小嘴、大眼睛与长睫毛，生在男孩子的脸上，简直是白糟蹋了。长辈就爱问他："你把眼睫毛借给我好不好？明天就还你。"然而他总是一口回绝了。有一次，大家说起某人的太太真漂亮，他问道："有我好看么？"大家常常取笑他的虚荣心。（张爱玲《童言无忌》）

　　这个长得漂亮的弟弟不但胆子小，而且体质弱，常常生病，平时必须"扣着吃"。贪吃贪玩是孩子的天性，何况是"扣着饮食吃"的小孩，只要看到有人嘴巴一动，张子静就要人张嘴，看看嘴里有什么。大家觉得他太可爱，故意在他面前"嗒叭"嘴巴，逗他玩。

　　有一次，张子静生病了，还要闹着吃松子糖（松子仁舂成粉，掺入冰糖屑）。大人想出一个办法，在松子糖里加入黄连汁后喂他，以为他尝了苦味就肯罢休。谁知他哭着闹着仍然要吃，又把拳头塞进嘴里，大家只能在他拳头上涂上黄连汁，他哭得更凶猛了。

　　在重男轻女家庭中长大的黄素琼痛恨这种陋习，在一双儿女中，她的情感始终偏向张爱玲。母亲常常带着张爱玲去看戏，那年她3岁。小小的爱玲独占一个座位，坐在母亲身旁。打扮入时的黄素琼总是神采飞扬地和朋友们海侃神聊，而她却睁着好奇的眼睛打量着周围的一切：在喧嚣的锣鼓声中，递茶水、送点心的人来来往往，堆满果壳的地上一片狼藉，戏台上生旦净末丑各自精彩……

黄素琼在张爱玲4岁时出国留学。未出国前，她就开始教女儿识字和背诵唐诗。那些与母亲亲近的时光片段，是张爱玲记忆深处的光亮。

> 有她的时候，我记得每天早上女佣把我抱到她床上去，是铜床，我爬在方格子青棉被上，跟着她不知所云地背唐诗。她才醒过来，总是不甚快乐的，和我玩了许久方才高兴起来。我开始认字块，就是伏在床边上，每天下午认两个字之后，可以吃两块绿豆糕。（张爱玲《私语》）

小张爱玲就像平常家的孩子一样对母亲充满敬仰。有一次，黄素琼穿上别着翡翠胸针的绿短袄站在镜子前，张爱玲觉得母亲漂亮极了，仰着头目不转睛地盯着看，露出一脸的羡慕，恨不得自己马上长大——"八岁要梳爱司头，十岁要穿高跟鞋，十六岁可以吃粽子汤团，吃一切难于消化的东西"。

天津老家给张爱玲留下很多深刻的记忆。她记得刚到天津时，父亲还颇有读书人的样子：吟咏古诗词，订阅各种小报，看各类书，包括一些西洋书籍，其中有一册是英国作家萧伯纳的《心碎的屋》，扉页上还留有他的英文题字：

> 天津，华北
>
> 一九二六。三十二号路六十一号
>
> 提摩太·C.张

　　小时候的张爱玲认为在书籍的扉页上郑重其事地题字是件挺无聊的事。很多年后，当她重新翻开这本书，看到上面的几行题字却从心底生起一种欢喜，"让她感受到天津老家春日迟迟的空气"。

家庭裂变

　　对于像张爱玲这样有着显赫家世的人来说，一出生就过上贵族化的生活并不稀罕，光说她奶奶李菊耦的丰厚嫁妆，只要后代不肆意挥霍，就足够养活三辈后人。可是到天津后不久，张志沂结识了一群酒肉朋友，开始一起嫖妓、赌钱、吸大烟、养姨太太，过上了花天酒地的生活。

　　接受过西方文化教育的黄素琼思想新潮，是个时髦的新女性，极端痛恶这种旧家庭陋习。刚开始时，她对张志沂好言相劝，希望他摒弃旧习，做一个有思想有主见的人。奈何张志沂深陷其中，只觉忠言逆耳，依然我行我素。姑嫂之间向来是不和的多，黄素琼与张茂渊却难得志趣相投，好像一对亲姐妹。黄素琼见自己劝不动张志沂，就搬出张茂渊，让她和自己站在同一战壕。

张茂渊也是一个自主自立、独立独行的新派女性。她一生为爱坚守 52 年之久，到古稀之龄才如愿嫁给初恋李开弟。此事就能看出她绝非一般女子。看着已经成为典型遗少的胞哥，张茂渊感到初至天津时的那片晴空逐渐灰暗，终于变成暮霭沉沉，虽置身于宽敞的别墅中，却像生活在狭隘的牢笼里，呼吸都显困难。从不如意的嫂子那里，预测到自己或许有一天也会嫁给这种男人，25 岁的她陷入了沉思中。

对丈夫越来越失望，可是生活还得继续，苦闷的黄素琼常常独自带着女儿去看戏。有一次，她正心烦意乱地坐在戏台前。忽然，一个朋友抬手指向戏台下，对黄素琼说："你看看，那人好像是张志沂。"

顺着朋友手指的方向看去，黄素琼注意到一个男人牵着一个女人的手从台下匆匆走过，那个背影正是张志沂。黄素琼彻底被激怒，她怎么也没想到，张志沂竟然大胆到光天化日之下带一个女子来看戏，这说明他根本没把自己放在眼里。

回家后，黄素琼要张志沂交出与他一起在戏台下的女子，起初，张志沂百般抵赖。黄素琼愤怒地说："不要以为我瞎了眼，刚刚看见你牵着一个女人的还有你女儿。"

沉浸在花天酒地中的张志沂已是一个失去理智的人，当他听到黄素琼提到女儿后，往后干脆把张爱玲带到养姨太太的小公馆里去玩。张爱玲不肯去，张志沂又打又骂地硬拉扯着去，长大后的张爱玲对当时的情形有着清晰的记忆：

> 后来，我父亲在外面娶了姨奶奶，他要带我到小公馆去玩，抱着我走到后门口，我一定不肯去，拼命扳住了门，双脚乱踢，他气得把我横过来打了几下，终于抱去了。到了那边，我又很随和地吃了许多糖。小公馆里有红木家具，云母石心子的雕花圆桌上放着高脚银碟子，而且姨奶奶敷衍得我很好。（张爱玲《私语》）

饱读诗书的张志沂不仅通洋文，干的还是英文秘书一职，民国遗少的陋习却也深入骨髓，夫妻俩的关系由此陷入僵局。面对这样的婚姻，裹着小脚的黄素琼感觉自己像一只绣在屏风上的凤凰，看得见外面湛蓝的天空，却无法展翅飞翔。

不同的三观犹如一条无法逾越的鸿沟横亘在张志沂与黄素琼之间。这对结婚时人人称羡的金童玉女把婚姻生活过成了一地鸡毛：三天一大吵，两天一小吵，代替了原本充满人间烟火味与世俗幸福感的平常日子。

贵为李鸿章的曾外孙女、张佩纶孙女的张爱玲，显赫的家世没给她带来成长的快乐，反而在逐渐没落的家庭中，承受着父母无休无止的争吵。

他们剧烈地争吵着，吓慌了的仆人们把小孩拉了出去，叫我们乖一点，少管闲事。我和弟弟在阳台上静静骑着三轮的小脚踏车，两人都不做声。晚春的阳台上，接着绿竹帘子，满地密条的阳光。（张爱玲《私语》）

家庭的幸福与繁华似昙花一现，露出了狼狈不堪的一面。第一个忍受不了的人是张茂渊。她想出国留学，要从这个长满青苔的庭院里走出去，到广袤的世界里寻找自己想要的生活。

得知张茂渊打算出国留学，凉透心的黄素琼仿佛看到了久雨后的一缕阳光。在那时，像张茂渊这样年龄的女子出国尚且要受人褒贬，何况是黄素琼这样为人妇、为人母的女子。可是黄素琼放下一切顾虑，拿出湖南人的勇敢和决断，向张志沂提出以小姑监护人的身份，陪张茂渊一同出国。面对着生命中两个重要的女人并肩联手与自己对立，张志沂读懂了黄素琼眼中的坚定，不得不同意她俩结伴而行。

这是1924年，张爱玲4岁，张子静3岁，是他们到天津的第三年。孩子是母亲的软肋，如果不是对生活实在太失望，哪个母亲愿意留下两个年幼的孩子独自去远行？母亲临走前的那一幕，很多年后张爱玲依旧记忆犹新：

　　我母亲和我姑姑一同出洋去，上船的那天她伏在竹床上痛哭，绿衣绿裙上面钉有抽搐发光的小片子。用人几次来催说已经到了时候了，她像是没听见，他们不敢开口了，把我推上前去，叫我说："婶婶，时候不早了。"她不理我，只是哭。她睡在那里像船舱的玻璃上反映的海，绿色的小薄片，然而有海洋的无穷尽的颠波悲恸。

　　我站在竹床前面看着她，有点手足无措，他们又没有教给我别的话，幸而用人把我牵走了。（张爱玲《私语》）

　　这次远渡重洋，并不是一个母亲的无情，而是一个女人爱情梦碎后的挣扎。黄素琼想换种生活拯救自己。

　　不舍，不只是在哀哀的哭泣中，更是黄素琼在对用人一再的叮咛里——叮嘱用人一年四季都要给爱玲穿裙子。保姆记住了女主人的嘱咐，哪怕冬天抱着小爱玲去附近的花园转悠，也要给她穿上漂亮的裙子与不到膝的羊毛袜。

　　离开，是结束，也是开始。为了获得真正的重生，黄素琼给自己换了名字，改为"黄逸梵"。两个名字，前者朴素，如秋日的阳光有着淡淡的温馨；后者浓郁，有了春天般的旖旎。

　　不同的选择，遇见不同的人，看到不同的景，经历不同的人生。命运充满玄机，谁都无法预测自己的未来，这一走，黄素琼成为昨天，黄逸梵则是今天和明天。世事沧桑、归途茫茫，以后的日子里，出走的黄逸梵再也找不到昔日的自己，唤不回旧日的时光。

黄逸梵出走后，无人监管的张志沂更是肆无忌惮，看着偌大的深宅大院暮气沉沉，干脆把养在外面的姨太太接到家里。这个名唤老八的姨太太原是个妓女，搬进张家后认为做了女主人，整天呼朋唤友，家里进进出出的都是她那些打扮得姹紫嫣红的姐妹。如此一来，原本就有不少用人的张家更加热闹。

此时的热闹和彼时的热闹截然不同。小张爱玲与弟弟常常偷偷地躲在帘子后面，好奇地看着这群人。张子静作为张家唯一的男孩原本该是最得宠的，不知为何，刚进门的姨太太并不喜欢他。不过她初来乍到，总得笼络点人心，所以特别抬举爱玲。为了拉拢爱玲，扯了新布给她做新衣裳，那是一套时髦的雪青丝绒短袄长裙。对于大多数孩子来说，新衣裳都是童年里灿烂的梦，张爱玲也不例外。

　　还有一件事也使我不安，那更早了，我五岁，我母亲那时候不在中国。我父亲的姨太太是一个年纪比他大的妓女，名唤老八，苍白的瓜子脸，垂着长长的前留海，她替我做了件时髦的雪青丝绒的短袄长裙，向我说："看我待你多好！你母亲给你们做衣服，总是拿旧的东拼西改，哪儿舍得用整幅的丝绒？你喜欢我还是喜欢你母亲？"我说："喜欢你。"因为这次并没有说谎，想起来更觉耿耿于心了。（张爱玲《童言无忌》）

　　母亲和小姑去了国外，又有专职保姆对姐弟俩的生活尽心照顾，所以张爱玲姐弟也没有缺少母爱的失落感。孩子的世界最单纯，一套崭新的裙子就笼络了人心，这时的张爱玲觉得姨太太也不错。可是等她长大后，重新回想起此事，内心便有了深深的不安，为自己被一套裙子收买了亲情而耿耿于怀。

　　这时，家里给张爱玲姐弟请了专门的私塾先生，两人开始接受正式启蒙。先生教他们认字背诗，读"四书""五经"之类的经典，也给他们讲《西游记》《三国演义》《七侠五义》等故事。后来，先生又教他们学习英文与算术。

张爱玲跟着先生摇头晃脑地背书，每当背到《孟子·梁惠王下》中那句"太王事獯鬻"时总是卡住，几次都背不过来，直到在哪个用人的指点下，把它改成"太王嗜熏鱼"才终于记住。那段时间，张爱玲常常为背不出书而烦恼，整个人看上去恢恢的，负责她的保姆很是心疼。

年关来临，私塾里放假了，天天早起读书的张爱玲终于有睡懒觉的机会了。除夕晚上临睡前，张爱玲嘱咐保姆，天一亮就叫醒她，她要起来放鞭炮。当新年迎来黎明的曙光，保姆不忍心叫醒沉睡的张爱玲，等她醒来时，早已放过迎新年的鞭炮。没有赶上自己想要的热闹，张爱玲哭闹起来，即使给她穿上过节定做的新衣服、新鞋子，还是没能止住她撕心裂肺的哭声。

在天津，张家有不少走动的本家亲戚，除了堂兄张志潭，还有一个叫张人骏的堂兄，张爱玲称他为"二大爷"。张人骏的名字有"人中骏马，驰骋千里"之意，原字健庵，后来他又将字改为"千里马"。张人骏是一个敢于为了维护国家主权而与外强做不懈斗争的忠义之士。南海诸岛中有一块名为"人骏滩"的岛礁，就是为了纪念他在担任两广总督时乘坐兵舰巡视南海诸岛的事迹。

张爱玲常被保姆抱着坐在人力三轮车上去二大爷家串门，不光是过年过节，平常的日子也隔三岔五地去。直到晚年，

她还记得从天津法租界前往英租界时路上看到的二大爷家的
房子：

　　路远，坐人力车很久才到。冷落偏僻的街上，整条街都
是这一幢低矮的白泥壳平房，长长一带白墙上一扇黝黑的原
木小门紧闭。进去千门万户，穿过一个个院落与院子里阴暗
的房间，都住着投靠他们的亲戚。虽然是传统的房屋的格式，
简陋得全无中国建筑的特点。（张爱玲《对照记》）

　　这个三岁就能背诵唐诗的小才女很得张人骏的喜欢。每
次看到张爱玲，穿着灰布大褂坐在藤椅上的张人骏暂时收起
抑郁的神情，朝她招招手，和蔼地说："来，背首诗给二大
爷听。"

　　小张爱玲局促地挪动着两只小脚，"摇摇摆摆地立在一
个满清遗老的藤椅前朗吟'商女不知亡国恨，隔江犹唱后庭
花'，眼看着他的泪珠滚下来"。她在《我的天才梦》里提
到的遗老就是张人骏。辛亥革命后，原本避居在青岛的张人
骏举家迁到天津，此时此景，简直与杜牧诗中描绘的情景一
模一样，从一个不谙世事的孩子口中听到这首诗，怎不令他
潜然泪下？

　　张爱玲的童年几乎都是在天津度过的，整个家族留给她

的记忆是"陈旧而模糊"的。不管成人世界如何千疮百孔，在孩童的记忆里总有些温暖的东西挥之不去，在苍凉的岁月中一次次温润着她干枯的灵魂。

母亲和姑姑的离去，使张爱玲几乎整天生活在"何干""张干"等一群用人中。"何干"常常带她去后院，端来一个朱红牛皮的小三脚凳，让她坐在阴凉里。后院的用人们忙忙碌碌，有刮鱼鳞的厨子，有洗衣服的女用人……还有帮弟弟把尿的保姆。在这个充满北方乡村生活气息的后院里，用人们也不全是粗俗之人，一个被张爱玲取名为"毛物"的下人就是个胸怀大志的人：

> 天井的一角架着个青石砧，有个通文墨，胸怀大志的男底下人，时常用毛笔蘸了水在那上面练习写大字。这人瘦小清秀，讲三国志演义给我听，我喜欢他，替他取了一个莫名其妙的名字叫"毛物"。毛物的两个弟弟就叫"二毛物""三毛物"。毛物的妻叫"毛物新娘子"，简称"毛娘"。毛娘生着红扑扑的鹅蛋脸，水眼睛，一肚子"孟丽君女扮男装中状元"，是非常可爱的然而心计很深的女人，疤丫丫后来嫁了三毛物，很受毛娘的欺负。（张爱玲《私语》）

天津老宅留给张爱玲的感觉是"整个的空气有点模糊，

有太阳的地方使人瞌睡，阴暗的地方有古墓的清凉"。长大后，她还有不少关于老宅的生活记忆，连细节和场景都很清晰：如夏天中午的时候，何干端来一个小板凳，让穿着小红桃子纱短衫、红裤子的张爱玲坐在上面喝六一散。喝完满满一碗六一散，张爱玲就翻看一本谜面是"小小狗，走一步，咬一口"的谜语书，这个谜底是"剪刀"。除了这本谜语书，张爱玲还常常翻阅另一本描写隐居生活的书，对书中"桃枝桃叶作偏房"这一句记忆尤为深刻。

最令张爱玲与张子静兴奋的是在英国的母亲隔三岔五地给他们寄回些新衣服、新玩具。姐弟俩穿着新衣服，拿着新玩具，日子就变得喜气洋洋。

当爱情落入柴米油盐、吃饭睡觉时，日子往往就成了鸡飞狗跳。张志沂与姨太太相守四年后，两人的矛盾越积越多，最后一次争吵时，性格暴虐的姨太太操起痰盂砸向张志沂，瞬间，头破血流。于是，族里人出来说话，逼着她离开了张家。

这时，恰逢张志潭被免去交通部总长的职位，吸鸦片、嫖妓、与姨太太打架等名声一败涂地的张志沂职位岌岌可危，只能自动辞去津浦铁路局英文秘书之职。这次工作，成了张志沂一生中唯一的一次官差。

父母离婚

1928 年，失去官差的张志沂自感颜面扫地，自尊心受到伤害。赶走姨太太后，他想到了妻子的好，于是用古体诗的格式给远在他国的黄逸梵写了一封信：

> 才听津门金甲鸣，又闻塞上鼓鼙声。
> 书生自愧拥书城，两字平安报与卿。

一声"卿"，往昔夫妻间卿卿我我的情形立即涌上黄逸梵的心头。曾经甜蜜的生活，一对儿女可爱的模样，撩动了黄逸梵的归心。再加上张志沂承诺不再吸鸦片和纳小妾，黄逸梵觉得这段婚姻值得自己再去尝试和维持。

此年，张爱玲 8 岁，张子静 7 岁。受过西方先进教育的黄逸梵认为孩子应该接受群体教育，去正规学校上学，考虑到自己此时不回恐会耽误孩子的求学成长，于是答应张志沂，过段时间就回国。

张志沂虽然和妻子感情不和，但是和妻舅黄定柱关系一直很不错。黄定柱居住在上海，张志沂决定搬回上海等妻子归来。"回上海喽，回上海喽"，在小张爱玲的欢呼雀跃中，从天津出发的航船让张爱玲第一次与大海有了亲近的机会。

我八岁那年到上海来，坐船经过黑水洋绿水洋，仿佛的确是黑的漆黑，绿的碧绿，虽然从来没在书里看到海的礼赞，也有一种快心的感觉。睡在船舱里读着早已读过多次的《西游记》，其中记载的只有高山与红热的尘沙。

到上海，坐在马车上，我是非常伶气而快乐的，粉红底子的洋纱衫裤上飞着蓝蝴蝶。我们住着很小的石库门房子，红油板壁。对于我，那也有一种紧紧的朱红的快乐。（张爱玲《私语》）

初回上海时，张志沂一家暂居在武定路一条里弄里的一所石库门房子里，等黄逸梵和张茂渊回来后，就搬到了宝隆花园的洋房。那幢洋房一共有四层，有着尖尖的屋顶，有着漂亮的花园，有着宽大的客厅，还有着新式的壁炉……对张爱玲来说，连进门处挂衣服和搁雨伞的木橱都是特别的可爱。

母亲和姑姑回来了，家里顿时热闹起来。有一次，张爱玲坐在铺着狼皮褥子的地上，看到母亲和一位胖伯母学着电影中夸张滑稽的表情，笑得她倒在地上滚来滚去。

当母亲在客厅里给请来的朋友弹钢琴、唱歌时，张爱玲和弟弟化身为安静的天使，坐在一旁仰慕地看着母亲。32岁的黄逸梵穿着从国外带回来的洋装，别有一番风情。两个小人儿感受着难得的家庭快乐，小爱玲不时侧过头看看一旁的弟弟，对他俏皮地眨眨眼睛，心里的快乐毫不吝啬地流露在脸上，仿佛对他说："瞧，有妈妈的日子多好啊！"

见过世面的黄逸梵对孩子的教育几乎是开放式的。她允许张爱玲把房间刷成自己喜欢的颜色。张爱玲选择了橙红色，她喜欢这种像橙子一样红里带黄的颜色，既有太阳的味道，又有丰收的喜悦，唯有这种颜色才能表达她的满心欢喜。

黄逸梵提醒她，作背景最避忌红色，因为它近在眼前，给不了人距离感。可张爱玲不管，她要把抑不住的快乐表达出来，还把张子静的房间也刷成橙红色，要和弟弟一起分享自己的满足和快乐。

那时期家里订了改良版的《小说月报》，老舍的长篇小说《二马》连载在这本杂志上。黄逸梵常常坐在抽水马桶上看这篇小说，看到有趣处就忍不住发出"咯咯"的笑声，站在外面的张爱玲也跟着"咯咯"地笑。许多年后，张爱玲看了老舍的《离婚》《火车》等小说，觉得这些小说其实要比《二马》好得多，可是她依然对《二马》情有独钟，因为那是她生命中最快乐的时光。

有过裂痕的感情怎么修复都回不到从前，更多的是重蹈覆辙。张志沂与黄逸梵小时候受的都是家塾教育，这时张志沂已经请了私塾先生在家里给俩孩子上课，但是黄逸梵主张孩子该接受群体教育，在这个问题上，两人产生了极大的分歧，随之开始不断争吵。好不容易得来的幸福平和就像阳光下的肥皂泡，只发出瞬间的绚丽。

为了送爱玲去新式学校，黄逸梵与张志沂不知争吵了多少回。烦闷中，当初承诺不吸鸦片、不逛妓院的张志沂忘了誓言，丢了承诺，故伎重施。当张志沂死活不松口时，早已不是黄素琼的黄逸梵像拐卖人口一样把张爱玲送进了美国教会主办的黄氏小学，没有上过一天学堂的张爱玲插班入了四年级。

在学校填写学生资料时，黄逸梵觉得张瑛这个名字太俗气，想换一个名字，一时没想起合适的，就把女儿的英文名Eileen（爱玲）译过来先用着，等有合适时再换。谁知不久的将来，她随口采用的名字在上海滩家喻户晓。

为了逼黄逸梵就范，一筹莫展的张志沂认为只要断了黄逸梵的财路，她就无法展翅飞翔，于是不肯再出生活费，连平时的开支都要她从娘家陪嫁过来的嫁妆里开销，黄逸梵的经济状况马上就捉襟见肘了。

1930年，对婚姻彻底失望的黄逸梵提出离婚，请来一个外国律师协议离婚条例。张志沂不想离婚，迟迟不肯在离婚协议上签字，但是没有做到戒除鸦片的承诺，他自知理亏，几次拿起笔却又放下。

律师发现张志沂对妻子还有感情，同为男人，不禁同情起眼前的男人。律师问黄逸梵："你是否再考虑一下？"黄逸梵说："我的心已经像一块木头。"听她如此说，张志沂知道已无挽回余地，提笔在离婚协议上签下自己的名字。签字成立，这对夫妻终将变成陌路。张爱玲姐弟的监护权和抚养权都给了张志沂，但是在离婚协议中，黄逸梵坚持要了张爱玲的教育监督权——以后进什么学校，一定要先征得她的同意。

从复合到离婚前后不到两年，黄逸梵与张志沂的婚姻彻底走到了尽头。离婚后，黄逸梵搬离宝隆花园；张茂渊看不惯哥哥的堕落也搬了出去；家里除了一个吸大烟的父亲与这对姐弟，就只有一大群用人，和在天津时一样没有了女主人。

孩子没有选择权，只能被迫接受父母的选择。人生总是带着无尽的遗憾，张爱玲在《迟暮》中写道："这样看起来，反而是朝生暮死的蝴蝶为可羡了。它们在短短的一春里尽情地酣足地在花间飞舞，一旦春尽花残，便爽爽快快地殉着春光化去，好像它们一生只是为了酣舞与享乐而来的，倒要痛快些。"痛痛快快地活着，痛痛快快地死去，是很多人的理想生活，现实生活却是被社会一次次鞭打得遍体鳞伤后，还得苟且偷生。

民国时期，很多受过新式教育的进步人士都十分讨厌包办婚姻，一些从海外学成归来的男子休了原配，像徐悲鸿、徐志摩等文化界名人，另外像妻子海归后休原配的黄逸梵则为典型，由此不难想象张志沂离婚后的心境。

遭受着失去妻子与被休的双重打击，张志沂的意志更加消沉，吸大烟已经无法麻木痛苦，于是开始打吗啡，还专门雇了个男用人替他装大烟与打吗啡针。

吗啡是鸦片类毒品的重要组成部分，长期吸食者无论从身体上还是心理上都会对其产生严重的依赖，对身心造成极大的伤害。恋上吗啡后，张志沂的精神日渐衰弱，整个人看上去死气沉沉。

1931年盛夏的一天，穿着汗衫和短裤的张志沂浑身发热。

用人端来冷水给他泡脚，用冷毛巾敷额头，尝试给他降温，可是张志沂依然目光呆滞，面无表情。放暑假在家的张爱玲姐弟看着奄奄一息的父亲非常害怕。用人也没辙了，只好给张茂渊打电话。

张茂渊一直看不惯张志沂的遗少做派，可毕竟是同胞兄妹，一接到电话，还是赶了过来。看到张志沂的情形，张茂渊判断是毒瘾发作。相信西医的她当即把哥哥送到中西疗养院去治疗，还给他请了一位法国医生当主治。

在西医的治疗下，三个月后，张志沂的身体逐渐康复。经历过这次生死之劫，他断了注射吗啡的念头，鸦片照旧吸。一个人身体虚弱时往往情绪低落，张志沂对妻子的思念与日俱增，可是覆水难收。为了寻求心理安慰，他从宝隆花园搬到康乐村十号的一所小洋房，妻舅黄定柱就住在那条巷子里，离他家只有几步之遥。

黄定柱也是典型的遗少，夫妻俩都吸鸦片。搬到一起，一方面可以和妻舅吸大烟聊天，另一方面黄家孩子多，张爱玲姐弟能多几个玩伴。那时，姐弟俩常和一大堆表兄弟、表姐妹玩在一起，生性极有主见的张爱玲成了孩子王。同年秋天，在黄逸梵的坚持下，11岁的张爱玲被送进上海圣母玛利亚女子中学读初中，开始住校生活。

那时的张爱玲对"理想"两字还很模糊，但是知道自己今生一定会从事文艺工作，就是不知道该选择音乐还是美术为终身事业。在其举棋不定时，看到一部关于穷困画家的影片后，"于是决定长大后要做一名钢琴家，至少在演奏时，音乐厅是富丽堂皇的"。知道女儿的人生目标是成为一名钢琴家，黄逸梵给她找了一位俄罗斯的钢琴老师。

张爱玲每周去老师家学习一次。学钢琴的费用很贵，要续费时，张爱玲站在父亲的烟铺前，张志沂迟迟挨挨地不肯拿出来。要了几次后，张爱玲自觉没趣，也就断了学琴一事。这件事极大地伤害了她的自尊，长大后，几次和人说起要学费时的难堪。

1932 年，黄逸梵前往法国。对于母亲的再次远走高飞，在亲情的河流里多次沉浮的张爱玲显得很是漠然：

不久，我母亲动身到法国去，我在学校里住读，她来看我，我没有任何惜别的表示，她也像是很高兴，事情可以这样光滑无痕迹地度过，一点麻烦也没有，可是我知道她在那里想："下一代的人，心真狠呀！"一直等她出了校门，我在校园里隔着高大的松杉远远望着那关闭了的红铁门，还是漠然，但渐渐地觉到这种情形下眼泪的需要，于是眼泪来了，在寒风中大声抽噎着，哭给自己看。（张爱玲《私语》）

那年，张爱玲在校刊首次发表了短篇小说《不幸的她》：小说开头写了两个十来岁的小女孩在海边玩。几年后，女主人公遭遇家庭变故离开故乡，以后的岁月里，她不断地经历生离死别。有一天，她和幼时好友重新取得联系。好友邀请她去自己家里玩，她欣然前往。回到故乡，她看到好友有着幸福的家庭，而自己孑然一身。在好友家住了一个星期，她留下一张告别的纸条，悄然地走了。

这个从小被视为天才的女孩，因家庭的变故沉于忧郁。在风中抽噎、哭给自己看的张爱玲，用冷漠伪装自己，把孤独和伤心写进文字里。

寒暑假在家时，张爱玲除了跟父亲学写旧诗，就是阅读父亲的各种藏书。张爱玲极度痴迷《红楼梦》，从十二三岁时便开始接触，每隔一段时间总要翻出来重新阅读，一生未曾间断。小时候的她，不知道《红楼梦》后40回是高鹗续写，对前80回好评不断，读到后40回时总是抱怨越来越不好看，甚至用"天日无光，百般无味"来形容这种可憎。

这期间，张爱玲不时有作文刊载于学校的校刊《凤藻》与《国光》杂志上。一次，当张爱玲再次阅读《红楼梦》时，突然兴致所起，大胆构思了一部书名为《摩登红楼梦》的长篇小说：把《红楼梦》里的人物搬到上海，以上海洋场为小说背景。

张志沂也感受到了女儿在文学方面的禀赋，得知张爱玲有这个想法，也雅兴大发，给这部长篇鸳鸯蝴蝶体的章回小说代拟了几回目录：

第一章　沧桑变幻宝黛住层楼，鸡犬升仙贾琏膺景命；

第二章　弭讼端覆雨翻云，赛时装嗔莺叱燕；

第三章　收放心浪子别闺闱，假虔诚情郎参教典；

第四章　萍梗天涯有情成眷属，凄凉泉路同命作鸳鸯；

第五章　音问浮沉良朋空洒泪，波光骀荡情侣共嬉春；

第六章　陷井设康衢娇娃蹈险，骊歌惊别梦游子伤怀。

这是 1934 年，爱玲 14 岁。与父亲相处的这段时光，是父亲留给她的最后温情：

我喜欢艳片的云雾，雾一样的阳光，屋里乱摊着小报，看着小报，和我父亲谈谈亲戚间的笑话——我知道他是寂寞的，在寂寞的时候他喜欢我。父亲的房间里永远是下午，在那里坐久了便觉得沉下去，沉下去。（张爱玲《私语》）

寂寞时的喜欢就像一根细绳上垂着一个秤砣，任何一点风惊草动，都能瞬间崩离。

同年，有人给张志沂提媒，女方是清末大臣、外交家、北洋政府第四任代理国务院总理孙宝琦的女儿。孙宝琦有一妻四妾，共有八男十六女，介绍给张志沂的是他的第七个女儿孙用蕃。36岁的孙用蕃是一个精明干练、善于治理家务及对外应酬的大龄剩女。

知道父母早已离婚，但是小小的张爱玲一时还没把后母与自己联系起来，知道这种事情即将发生时，那种恐惧无与伦比。她在心底有过撕心裂肺的呐喊：

我父亲要结婚了。姑姑初次告诉我这消息，是在夏夜的小阳台上。我哭了，因为看过太多的关于后母的小说，万万没想到会应在我身上。我只有一个迫切的感觉：无论如何不能让这件事发生。如果那女人就在眼前，伏在铁栏杆上，我必定把她从阳台上推下去，一了百了。（张爱玲《私语》）

人生不如意事十之八九，无论如何都不想让它发生的事，到底还是发生了。

彻底决裂

张志沂与孙用蕃的亲事很快定了下来。1934 年的夏天，他们在礼查饭店（今上海大厦附近）订婚，半年后在华安大楼（现在的金门酒家）结婚。相对于孙家其他儿女的婚姻，孙用蕃嫁给张志沂属于下嫁。只是张家不知道，这位小姐因为吸毒成性，权贵子弟避而远之，才蹉跎青春成了高龄剩女。

当张志沂知道这一切时为时已晚。孙用蕃进了张家后，以嫌康乐巷十号的洋房太小为名，提议张志沂搬家，实则是这里与黄定柱一家太近，有着黄逸梵这层关系她心里不爽。张爱玲出生时麦根路上的那座红砖大宅在张志潜名下，张志沂一家搬去天津后，张志潜嫌房子太大搬到了别处，房子租了人，此时恰逢房客搬走，房子空了出来。孙用蕃看过后，为了早点搬离康乐巷，也不管房租贵不贵，决定租下来。搬到那边后，又添置了一些家具杂物，花费了一大笔的钱。

刚进门时，孙用蕃与爱玲姐弟表面上保持着礼节性的招呼。一天，跟着父亲写旧诗的张爱玲在父亲书房里写了一篇题为《后母的心》的文章，该文十分到位地刻画了一个后母的处境和心情。写完后，张爱玲把文章放在书桌上，自顾去玩了。孙用蕃看了文章后十分感动，认为小小年纪的她懂得换位思考实属不易。每当家里来了客人，孙用蕃就把文章的大意说给他们听，顺便夸奖爱玲会写文章。

不是身上掉下来的肉，怎么都不会疼到实处。黄逸梵是个喜欢做衣裳的女人，张志沂曾经说她"人又不是衣服架子"，要那么多衣服做什么。黄逸梵第一次离家出走后重新回家时，张爱玲一定要何干给她穿上自己最喜欢的小红袄。黄逸梵一进门，看到女儿穿着一件小得紧包身子的衣服，第一句话就是"怎么给她穿这么小的衣服"，不久就给女儿做了几套新衣服。而孙用蕃在出嫁时，有意从娘家带了几箱旧衣，她认为没有必要给孩子做新衣服。

14岁的少女正处于爱漂亮又敏感的年龄，当张爱玲不停地换穿着孙用蕃的旧衣服时，那"憎恶与羞耻"就像"留着冻疮的疤"：

有一个时期在继母统治下生活着，拣她穿剩的衣服穿，永远不能忘记一件黯红的薄棉袍，碎牛肉的颜色，穿不完地穿着，就像浑身都生了陈疮；冬天已经过去了，还留着冻疮的疤——是那样的憎恶与羞耻。一大半是因为自惭形秽，中学生活是不愉快的，也很少交朋友。（张爱玲《童言无忌》）

这个时期的张爱玲很不快乐，在学校里几乎没有朋友，只与一个女同学关系较好。一个有月亮的晚上，张爱玲和女同学在学校宿舍的走廊上散步。"女同学对张爱玲说：'我是把你看成好朋友的，不知道你怎么认为？'张爱玲低声说道：'我是……除了我的母亲，就只有你了。'"那一刻，两个少女被彼此的言语感动着。

住校的张爱玲在家的时间不多。有一年放假，她刚到家，就看到又高又瘦的张子静穿着一件不甚干净的蓝布罩衫在看连环画。那时的张爱玲已经在看穆时英的《南北极》与巴金的《灭亡》之类的文章，她想提醒张子静的阅读方向，可是转眼工夫就不见他的人了。

用人们纷纷向张爱玲说起张子静平时的劣迹。张爱玲觉得弟弟太不争气，很是气愤，附和着众人诋毁他，这时大家反倒觉得她多事了。后来，在饭桌上发生了一件事：

我父亲打了他一个嘴巴子。我大大地一震，把饭碗挡住了脸，眼泪往下直淌。我后母笑了起来道："咦，你哭什么？又不是打你！你瞧，他没哭，你倒哭了！"我丢下了碗冲到隔壁的浴室里去，闩上了门，无声地抽噎着，我立在镜子前面，看我自己掣动的脸，看着眼泪滔滔流下来，像电影里的特写。我咬着牙说："我要报仇。有一天我要报仇。"

浴室的玻璃窗临着阳台，啪的一声，一只皮球蹦到玻璃上，又弹回去了。我弟弟在阳台上踢球。他已经忘了那回事了。这一类的事，他是惯了的。我没有再哭，只感到一阵寒冷的悲哀。（张爱玲《童言无忌》）

都说有了后娘就有后爹。放假回来，张爱玲看到父亲责骂弟弟，后母不但不劝着反而讽刺起自己来，如此看来，弟弟平时的日子一定不好过，想到这，无法言说的悲哀笼罩了她。

1937 年夏天，张爱玲从圣玛利亚女校毕业，向父亲提出去英国留学。那几年，上海房价上涨，张志沂的经济状况并不差，可因夫妻两人都吸鸦片，每天需要一笔不小的开销，所以不愿拿出一大笔钱给女儿出国留学。经过此事，张爱玲对父亲与后母的态度冷淡了很多。

此时，黄逸梵已经返回上海，带着一个比自己小的美国男友。张志沂认定是黄逸梵挑唆女儿去英国留学。想到这么多年来，女儿的生活费和教育费一直由自己负担，前妻一回来就串通一气算计自己，心有不甘的张志沂直接把张爱玲骂了一顿。孙用蕃更是讽刺地说："你母亲已经离家出走了，为什么还要来管你家的事，是不是想回来？如果想回来，可惜也只能做姨太太了。"这期间，上海发生战争，张爱玲出国留学的事暂搁一旁。

一次，爱玲去母亲家住了两个星期，去时只和父亲打了招呼。回来时，孙用蕃对她说，胆子越来越大了，出门居然不和我说。张爱玲说，自己和父亲打过招呼了。孙用蕃气愤地说，原来是没把我放在眼里，并顺手打了张爱玲一巴掌，出于本能，张爱玲拿手去挡。不料，孙用蕃一边上楼，一边大喊着："她打我，她打我。"

正在楼上吸鸦片的张志沂听到动静，穿着拖鞋冲到楼下，揪住张爱玲的头发没问青红皂白一顿拳打脚踢，嘴里无情地说道："你还打人！今天我非打死你不可！非打死你不可！"有力的拳头一下下落在张爱玲躲过来又躲过去的头上，她的耳朵都快被震聋了。

老用人何干冲了出来，不顾一切地护住张爱玲，疯狂的张志沂才住了手，不然真有可能打死女儿。受了这顿毒打，屈辱难平的张爱玲挣脱出何干的怀抱，朝门口跑去。已经来不及了，张志沂让下人关了各处的门，把她软禁到楼下的一间空房子里，除了叫何干照料她的饮食起居，任何人不许接近，更是再三叮嘱门卫，不让她出门。

在软禁的日子里，张爱玲得了痢疾，被折腾得奄奄一息。眼看要撑不下去了，何干避开孙用蕃，独自找到张志沂，汇报了此事。怕张爱玲就此死了，自己背负上"恶父"的罪名，张志沂找了些消炎的抗生素，趁孙用蕃不注意，偷偷给张爱玲注射，才避过一死。

一晃，张爱玲被囚禁已有半年之久。1937年阴历年底的一个晚上，张爱玲从何干那里打听到门卫换班的时间，趁着大家放松警惕的间隙，从张家逃了出来。

当真立在人行道上了！没有风，只是阴历年左近的寂寂的冷，街灯下只看见一片寒灰，但是多么可亲的世界呵！我在街沿急急走着，每一脚踏在地上都是一个响亮的吻。（张爱玲《私语》）

后来，听说何干因为此事受了牵连，可是张爱玲已经顾不上这位忠厚的老用人了，而孙用蕃则把她的东西都送了人，就当她死了。

在这世上，没有一样感情不是千疮百孔，有些伤害，一辈子都无法结疤。当她后来读到一位英国作家的诗句"在你的心中睡着月亮光"时，想到的竟然是麦根路313号那座清末建的仿西式豪宅"楼板上的蓝色的月光，那静静的杀机"。

第二卷
时光寂静花渐开

你如果认识从前的我，

也许会原谅现在的我。

在被软禁的日子里，张爱玲常常孤独地站在窗前。窗外那棵高大的白玉兰开着硕大的白色花朵，像极了被人遗弃的污秽白手帕，显得邋遢而又丧气。不时听到飞机从头顶飞过，张爱玲真希望飞机上能投下一个炸弹，炸了这个家，然后所有的人都一起死去。

这一切沮丧都在她成功出逃后化为乌有。黄逸梵曾暗中让人带话给张爱玲："你想过有钱的日子，就学乖巧点跟你父亲过，如果愿意跟我过苦日子，就想办法逃出来。人生没有回头路，做出选择后就不要后悔。"张爱玲无暇去细品母亲的话。这时的她认为大宅院内的一切都是黑暗的，母亲那里的一切都是光明的。她的心犹如等待盛开的花朵，随着三轮车在寒冬深夜里"咕噜咕噜"地朝前驶去，就像奔赴春天的花期。

半夜时分，"笃笃笃"的敲门声打破了黑夜的沉寂。黄逸梵起身开门，看到门口站着瘦削的女儿，一把把她揽进怀里。自从张家出来后，黄逸梵一直靠变卖古董为生，此时手头已显拮据，可是她知道爱玲是回不去了。

面对女儿的到来，黄逸梵异常地冷静。她对女儿说："以我目前的经济状况给不了你好的生活，要么你不读书，用学费打扮自己，早早地嫁人；如果要读书，就没多余的钱给你买衣服。"

在南方，孩子周岁时有"抓周"的习俗。所谓"抓周"就是在孩子面前放几样东西，看孩子先抓什么，以此来预测孩子成年后的志向。张茂渊记得爱玲"抓周"时抓了个小金镑，一位女用人记得是抓了笔，周岁的张爱玲还没有记忆，所以不知道以谁说的为准。只是她从小喜欢钱，黄逸梵发现女儿这个喜好后，摇着头说："他们这一代人……"

据说，女人一生有四次改变命运的机会：第一次，出生；第二次，学业；第三次，婚姻；第四次，靠自己。不管"抓周"时抓了什么，那时的选择并不能真正决定人的未来，而这次选择却关系到张爱玲一生的命运。好学上进的张爱玲果断选择了读书。她要靠知识改变命运，成为自立的新时代女性。

不当家不知柴米油盐贵。一个家庭每天一睁开眼睛就要花钱，黄逸梵没有工作，靠变卖分家产时得来的古董为生，经济窘境超乎张爱玲的想象。张爱玲的到来无疑增加了黄逸梵的经济压力，在女儿三天两头伸手问她要钱的窘况中，母女间的亲情被日渐磨去。

黄逸梵原本是个清高的人，并不很看重金钱，现在多了一个人的开支，只觉得手头的钱越用越快，古董越卖越少，只出不进的经济状况给了她极度的不安全感。当张爱玲一次次伸手向她要钱时，难免会说些难听的话，说"自己不能再去喝茶，少买一件新衣服"都是因为女儿的缘故。在这种琐屑的难堪中，张爱玲觉得自己成了一个忘恩负义的人，同时黄逸梵也在思考，在女儿身上的投资值不值。

在父亲家，张爱玲虽然过得不快乐，生活上的事却不用操心，衣服有人洗，吃饭时用人还站在旁边等着给她盛饭，来到母亲这边，一切都得学着独立。看着什么都不会的张爱玲，黄逸梵无情地说："你小时候得伤寒症，为了让你尽快好起来，我日日夜夜守护在你身旁。看你现在什么都不会，与其这样痛苦地活着，不如当初看着你死去。"

过惯了衣来伸手、饭来张口的日子，张爱玲在生活方面表现得很是弱智。她不会做饭，不会洗衣服，不会打扫卫生，连苹果都不会削，更不要说缝补袜子，对她来说一切自力更生都是陌生的：

我怕上理发店，怕见客，怕给裁缝试衣裳。许多人尝试过教我织绒线，可是没有一个成功。在一间房里住了两年，问我电铃在哪儿我还茫然。我天天乘黄包车上医院去打针，接连三个月，仍然不认识那条路。总而言之，在现实的社会里，我等于一个废物。（张爱玲《我的天才梦》）

英国生物学家达尔文在《物种起源》中明确提出"物竞天择，适者生存"的进化理念。这个理念适用于自然界的所有生物，包括人类。人生在世，只有人去适应环境，不可能环境适应人，这是自然规律。闯荡过世界的黄逸梵早已见识了现实世界的残酷，她要求张爱玲两年时间内学会适应环境：先从煮饭洗衣教起，然后指导她如何走路，如何看人脸色，如何学会面部表情，作为母亲还细心地指出晚上点灯后记得要拉上窗帘。

在以后的岁月里，张爱玲还是没有遵循母亲的教导。黄逸梵说笑要淑女式微笑，她则要么张嘴大笑，要么喜滋滋地傻笑。同样，她也不喜欢睡觉时拉上窗帘，因为这样"一睁眼就可以看见白天，即使明知道这一天不会有什么事发生的，这堂堂的开头也可爱"。

张爱玲中学时就读的教会学校对英语很重视，她英语学得很好。母女俩当时的目标是希望能考取伦敦大学。为了这次留学考试，黄逸梵专门为她找了个犹太人辅导功课。

对张爱玲的英语水平，张茂渊也是由衷地赞叹。有一次，张茂渊和张子静聊天时说到她的英语水平，张茂渊说，她什么英语书都能看下去，哪怕是深奥的物理和化学。看英语书时，张爱玲注重的是英文写法，至于内容倒并不在乎。她的英文写得流利自然、生动活泼，和她平时的学习方法是分不开的。

张爱玲的读书费用是一笔不小的开支，再加上母女俩的生活费，吃库存粮的黄逸梵只能精打细算着过日子。在母亲的教导下，张爱玲学会了买菜、搭公交车、省钱，这些细碎的事在生活中成了习惯。

那年暑假，张子静也来投奔母亲，提着一双用报纸包着的篮球鞋，说他也要跟母亲和姐姐一起生活。面对前来投奔的儿子，黄逸梵还是很理智，她对张子静说，你姐姐在那样的情况下逃出来是回不去了，我只能留下她，你必须回去，因为我的钱只能供你姐姐一个人读书。

收留无望，张子静只得提着那双篮球鞋，哭泣着转身回家。看着哭泣的弟弟，张爱玲也跟着哭，想起多年前自己曾为一朵夹在书里的花儿伤感地哭，黄逸梵笑着对张子静夸奖她："你看，姐姐哭可不像你总是为了吃糖！"

那一幕恍如昨日，可一切已物是人非，在钱和自由中张爱玲选择了自由，却过早地品味了生活的艰辛。

记得刚到母亲家那会儿，有一次，张爱玲去舅舅家做客。怜惜她的舅妈说，等她整理表姐们的服饰时，找些不穿的旧衣服给她。张爱玲摇着脑袋说"不要，不要"，可是还是难过得落下泪来，想到自己曾经也是千金小姐，过着锦衣玉食的生活，却不料落到被救济的地步。

在父亲家时，张爱玲同父亲和继母的关系不好，日子过得抑郁隐晦，渐渐形成了孤独清高的性格；投奔母亲后，原本想学着做人，和母亲亲亲热热地过日子，奈何在生活的窘境中母女间的亲情渐磨渐少。生性敏感的张爱玲时时感到莫名的孤独和惆怅。居住的公寓屋顶有个阳台，她常常一个人在阳台上转来转去。

常常我一个人在公寓的屋顶阳台上转来转去，西班牙式的白墙在蓝天上割出断然的条与块。仰脸向当头的烈日，我觉得我是赤裸裸的站在天底下了，被裁判着像一切的惶惑的未成年的人，因于过度的自夸与自鄙。这时候，母亲的家不复是柔和的了。（张爱玲《私语》）

一生中，张爱玲与姑姑张茂渊住在一起的时间比较多，可以说姑姑是她最为亲近的人。身材高大、相貌清秀、从小过着锦衣玉食的张茂渊出过洋，留过学，是个有思想有追求独立独行的新时代女性。在她面前，张爱玲常常感叹自己在生活上的愚钝。

张茂渊与胞兄张志沂不和，却和嫂嫂黄逸梵志趣相投，不仅一起出国，当兄嫂离婚后黄逸梵从张家搬出时，张茂渊也跟着搬了出来，两人一起生活很多年。

张志沂与黄逸梵的离婚协议上，明确说明张爱玲可以时常去看望母亲。在张爱玲眼里，母亲与姑姑住的地方就像一个新世界，她第一次在那里看到生在地上的瓷砖沿盆，第一次看到煤气炉子，第一次看到七巧板桌子……她认为这里的一切都是最好的，不管是精神上还是物质上，连同那来来去去的人都显得特别可爱。黄逸梵独自去法国后，张爱玲也常去姑姑家，因为那里留有母亲的气息，这些都令她陶醉。

因为有着这样的感觉，张爱玲瞧不起张家的一切。她把世界强行分成两半：张家是黑暗、丑恶、魔鬼，黑乎乎，懒洋洋，没有早晨阳光升起时的希望和喜悦，时间仿佛永远从中午开始，在鸦片的云雾中，光明和温暖总是逐渐西沉；母亲那边的一切都是那么可爱，光明、亲善、神明，即使冬天有点冷，也像是"在新屋子里过年"，给人生机勃勃的感觉。

黄逸梵第二次出国时，张爱玲只有十来岁，是一个孩子最需要母爱的时候。每当放假，她就在家里剪一些贴花纸，画一些图画，让姑姑帮着寄给远方的母亲。

张志沂与黄逸梵离婚，没有征求过张爱玲姐弟的意见，张爱玲却是赞同的。并不是她冷血，而是父母的争吵带给她的只有恐惧和不安，可是不管怎么说，还是有着深深的惆怅。因为母亲的出走，那个红蓝相间的家再也无法维持下去，父亲带着他们搬到了一所弄堂里的房子。

当爱玲被软禁时，有人给张茂渊打电话。她闻讯赶来，与哥哥评理，想救出爱玲。哪知却与张志沂闹了个不愉快，不但没救出侄女，还被哥哥毒打了一顿。本着"家丑不可外扬"，她没有报警，只是发誓再不踏进张家的门，也再不过问张家的事。

第二天，我姑姑来说情，我后母一见她便冷笑："是来捉鸦片的么？"不等她开口我父亲便从烟铺上跳起来劈头打去，把姑姑也打伤了，进了医院，没有去报捕房，因为太丢我们家的面子。（张爱玲《私语》）

每个人都希望家是一个温暖的港湾，能够来去自如、谈笑自若，可惜很多人都无法拥有。许多年后，当张爱玲考证家史时，了解到祖父和祖母间的琴瑟之和时，一生缺爱的她感叹道："从他们色彩鲜明的生活里，我感到一种莫大的满足。"

黄逸梵和张茂渊这对姑嫂有着各自的传奇。一个为了追求新生活，果断和沾染各种陋习的丈夫离婚；一个在无望中等待爱情，什么也不说，什么也不做，用执着和信念为爱守候半个世纪。

张茂渊与她的初恋情人李开弟的爱情佳话，还得从 1924 年说起，那是她和黄逸梵第一次远渡重洋，在上海赴英国的轮船上，遇到了毕业于南洋公学（现上海交通大学）机械系的李开弟。船行驶到大海深处，天气突变，海上刮起大风，船身被巨浪冲击得左右颠簸，晕船的张茂渊吐得一塌糊涂。同行的李开弟见了，展现出绅士风范，不时给她递茶端水。傍晚时分，稍好些的张茂渊站在船头看风景，从船舱内出来的李开弟脱下自己的西装外套，悄悄地披到她的肩上。张茂渊回过头看，正迎上李开弟深情的目光，一段情愫，从此生根。

交往中，李开弟了解到张茂渊是近代史上被称为卖国贼的李鸿章的外孙女时，介意她的出身，逐渐减少了联系。不久，李开弟在外国和另一位女留学生谈起恋爱，并订下婚期。张茂渊与黄逸梵参加了他的婚礼。李开弟结婚了，而张茂渊却怎么也忘不了那个让她一眼万年的初恋情人。

李开弟结婚后，和张茂渊一直保持着联系。大家回国后，有一段时间，李开弟的工作是打扫公共厕所，张茂渊不但给他送吃的，还帮他一起打扫卫生。1986 年，李开弟的妻子病危。临终前，她希望单身的张茂渊能和丈夫再续前缘。历经半个世纪，张茂渊终于和初恋情人携手走进婚姻的殿堂，用五十二年的守候换来十二年的相守。爱情如饮水，冷暖自知，旁人如何评论这段感情的对错呢？

在生活拮据时，张茂渊卖掉过很多珠宝，可是始终不曾卖掉那块在她眼里"派不上用场，放到哪里搭配都不尚完美"的披霞。看着这块披霞，想起未了的情，张茂渊总觉得生命失去了意义。相爱的人成不了枕边人，所有遇见的人都是路人，生命自是少了太多乐趣。

她手里卖掉过许多珠宝，只有一块淡红的披霞，还留到

现在，因为欠好的缘故。战前拿去估价，店里出她十块钱，她没有卖。每隔些时，她总把它拿出来看看，这里比比，那里比比，总想把它派点用场，结果又还是收了起来，青绿丝线穿着的一块宝石，冻疮肿到一个程度就有那样的淡紫红的半透明。襟上挂着做个装饰品罢，衬着什么底子都不好看。放在同样的颜色上，倒是不错，可是看不见，等于没有了。放在白的上，那比较出色了，可是白的也显得脏相了。还是放在黑缎子上面顶相宜——可是为那黑色衣服的本身着想，不放，又还要更好些。（张爱玲《姑姑语录》）

张茂渊是一个清高且智慧的人，平常话语中透着一种清平的机智和见识。她曾在无线电台上过班，工作内容是报告新闻，每天工作半小时，有几万的薪水。张茂渊调侃自己："我每天说半小时自己不喜欢的话，可拿几万薪水，剩余时间说那么多自己喜欢的话，却拿不到一分钱，人生啊人生。"这就是生活，没有多少人喜欢自己的工作，工作却养活了自己；没有多少人的爱好能养活自己，却甘愿用工作的报酬养着爱好。

张茂渊是个有趣的人，张爱玲在《姑姑语录》中记录了她几件有趣的事：有一次，张茂渊洗头发，因头发太脏，洗头水墨黑，就嬉笑着说像是头发褪色；冬天的寒夜里，迫不及待地想钻进被窝，她就说了一句如小诗一般的话，'冬之夜，视睡如归'；她有一个年长她不少的爱唠叨的朋友，和她在一起时，总给张茂渊一种"生命太长"的感叹。

出身贵族的张茂渊有文化，能写信，又能纳鞋底，为自己做鞋，常吹嘘自己是个能文能武的人。张爱玲在香港读书期间，张茂渊常给她写信，用的是那种极薄的粉红拷贝纸，写的字是细细的淑女化的蓝色字，语气平淡，却几乎全部用惊叹号做标点，读起来有一种无脸的情趣，像春夏的晴天。

找工作和找情人一样，张茂渊有着宁缺毋滥的态度，以她自己的话说："男人为了养家糊口，没有选择的余地，怎么辛苦都只得干，像我一人吃饱全家不愁的人，何必为了挣点钱而愁眉苦脸呢，这样活着又有什么意思呢？"

这个对张家人没有好感的张家人，对张爱玲却是尽心尽意，这让张爱玲把张茂渊的家当成自己的家，对姑姑的住处"有着一种天长地久的感觉"。姑姑的家是无论如何都不肯让它有稍微的损毁，因为这是一个精致完整的体系。

求学香港

读中学时，张爱玲对自己的人生做过一个长远的规划：高中毕业后去英国留学；要把中国画介绍到美国去；穿着别出心裁的衣服周游世界；在上海拥有一套理想的房子，过着想要的生活。

为了实现理想，张爱玲对预备考伦敦大学的补习课特别用功。功夫不负有心人，最终，她以远东地区第一名的成绩考取伦敦大学。事与愿违，全面爆发的抗日战争阻断了她去英国的求学之路。1939 年秋，张爱玲持伦敦大学录取通知书去香港大学求读，在港大的文学院里选修中文及英文科。

渡船载着张爱玲驶向一个新的世界，大陆在她身后渐行渐远。当船靠近香港时，她像个孩子一样，睁着新奇的眼睛打量着这个陌生的世界。

香港给她最初的感觉是色彩鲜明，"望过去最触目的便是码头上围列着的巨型广告牌，红的、橘红的、粉红的，倒映在绿油油的海水里，一条条、一抹抹刺激性的犯冲的色素，窜上落下，在水底下厮杀得异常热闹"。

这是张爱玲第一次离开父母生活。黄逸梵和张茂渊安排在香港工作的李开弟去码头接她，并做她的监护人。船在码头停泊后，在各种色彩的冲撞下，张爱玲看到有人举着一张写有自己名字的牌子，知道是来接她的，提着行李朝他走去。

黄逸梵已在李开弟的账户上存了一笔钱，并在电话里和他说过，女儿在生活方面比较愚笨，也不善交际。李开弟对张爱玲的第一印象是神情严肃、沉默寡言。李开弟也不多说话，接过行李，拨开人群，叫了车，把她送到香港大学。

这个时期，中国内地很多官宦富商把子女送到香港大学读书，还有一些东南亚侨民的富商子弟也在此求学，就算是香港本地的学生都是家境非常好的。在一大群富商同学中，张爱玲算是一个穷学生。有一个家境很好的女同学来上学时，带了几箱子衣服，衣服不但分春夏秋冬，还分礼服、郊游服、跳舞衣等，能叫出名堂的衣服都有。张爱玲见之黯然神伤，让她想起常穿继母旧衣服的那段灰暗岁月。

在港大求学期间，张爱玲付出百分之百的努力，最终也得到了丰厚的回报，每门功课都考第一。成绩优秀的港大生有希望保送牛津大学，去英国成为她人生的下一个目标。

一位在港大教了十几年书的教授总给张爱玲打高分，这么高的分他从没给过其他同学。还有个叫佛朗士的英国教授特别喜欢张爱玲，看着这个性格孤僻却成绩优异的学生，打心里喜欢。在张爱玲又一次考了全班第一时，他私人奖励她800元港币。

凑巧这时黄逸梵去香港看女儿，得知教授私给奖金一事后，怀疑女儿和教授有私情，一顿怒斥后又私自拿了这笔钱，在和朋友打牌时输得精光。当时，黄逸梵的古董越卖越少，手头越来越拮据，缺钱的焦虑使她产生了极大的不安全感。为了自己的未来着想，离开香港时，黄逸梵不但不提这笔钱，而且顾自断了张爱玲接下去的学费和生活费。经历此事，母女关系降到冰点，张爱玲觉得和母亲间这条长长的路终于走到了尽头。

同年，上海的《西风》杂志举行创刊三周年征文活动：征文题目是《我的……》，征文内容是记录与自己有关的一件或几件事，征文要求内容实在，题材充实动人。

得知这次征文比赛的首奖是百元现金，尚为香港大学一年级学生的张爱玲决定参加，这是她第一次参加征文比赛。受征文字数限制，她写的《我的天才梦》，字数在1300字以内。

在百元大奖的期待中，张爱玲接到了《西风》杂志社的获奖通知书——首奖。名利双收，张爱玲高兴得跳起来。1940 年 4 月 16 日，《西风》杂志正式揭晓获奖名单，张爱玲得的却是第十三名的名誉奖。

征文比赛结果的变卦，被张爱玲形容成"一只神经死了的蛀牙"，让她怨恨、不高兴半个世纪。1976 年，台湾皇冠出版社出版她的散文小说集《张看》，《我的天才梦》收录其中，她在文后加了一段"附记"：

《我的天才梦》获《西风》杂志征文第十三名名誉奖。征文限定字数，所以这篇文字极力压缩，刚在这字数内，但是第一名长好几倍。并不是我几十年后还在斤斤较量，不过因为影响这篇东西的内容与可信性，不得不提一声。（张爱玲《我的天才梦·附记》）

《我的天才梦》是张爱玲在公开发行的出版物上发表的第一篇文章，文笔没有后来作品的老练和独到，全文运用自如的文字却展露了独特的汉语造诣能力和语言风格，经典名言"生命是一袭华美的袍，爬满了蚤子"就出自此文。

为什么张爱玲被人视为天才呢？原来她三岁能背唐诗；七岁写了第一部家庭悲剧小说，随后完成了第二部关于一个失恋女郎自溺的小说；八岁时，写了一篇类似乌托邦小说的

《快乐村》……

这样的天才，却自认为在待人接物方面是惊人的愚笨。这种愚笨困扰着她，给了她"不能克服这种咬啮性的小烦恼"，在不需要与人交往的场合中，她的生命才充满欢悦和自由。

同年，张爱玲连获学校两项奖学金，经济状况有所改善，随心所欲地为自己添置了一些衣服，很多年后，她还沉溺在用奖学金买衣服的得意中。当时，看着其他同学都穿得奢华漂亮，唯独自己像一只丑小鸭，深深的自卑就像掉落在树枝上的雪，压得她直不起腰来。

　　香港大学位于半山腰的一座法国修道院内，山路两旁灌木丛生，野花盛开。张爱玲最喜欢去的地方是学校图书馆，那里有放满书籍的高大书架子，有一排排乌木做成的长台桌，这里的一切仿佛都熏染了书香，连从窗外吹来的风都带着浓浓书卷气。图书馆里还陈列着一些古董，如大臣奏章、象牙签、锦套子里装着的清代礼服……所有的一切都是她喜欢的。坐在那里，她内心无比的舒坦和丰盈，感觉整个世界都属于自己。

　　手头费用有限，张爱玲想着办法节约着花。她不参加学校社交活动，为了省下添置舞裙的钱，连跳舞都没学会。这群来自世界各地的港大女生活泼可爱，张爱玲夹在其中，显得格格不入。

　　有个马来西亚的华侨叫金桃，脸色微黑、略有龅牙，是有钱人家娇生惯养的小姐。她不肯吃学习的苦，只读了半年就回家了。在学校时，她跳马来西亚的舞蹈给大家看。她让男生和女生排成行，小步小步地往前走，或只是摇摆着身躯，自己手舞大手帕高声地唱道："沙扬（沙扬是爱人的意思）啊！沙扬啊！"

还有个和张爱玲年龄相仿的女孩叫月女，白皮肤，圆脸蛋，长得秀丽俊俏。她父亲是经商的，有钱以后被一个三十多岁的漂亮女人迷住了，抛妻别子离开他们。月女常常担心自己被人强奸，整天整夜想着这个问题，严重失眠造成她脸色惨白浮肿。

同学中还有个叫周妙儿的女生，香港本地人。父亲是巨商，花钱买了一整座岛屿，在岛屿上建了一座富丽堂皇的别墅。一次，周妙儿邀请全宿舍的同学去她家岛上游玩，过海得租用轮船，来回租船费用每个同学自负。

张爱玲没有多余的钱负担这笔费用，便与修女去说自己不去。修女问她原因。爱玲起初不肯说，在修女的一再追问下，不得不道出实情。不料此事修女也做不了主，就汇报到修道院长那里，结果大家都知道了，弄得爱玲很不自在。

在嫁人和读书中她选择了读书，和一大群家境优越的同学在一起，张爱玲并没有后悔当初的选择，也不觉得自己穷，只认为他们太阔气而已。她用勤奋读书救赎自己，偶尔偷空和同学们去游山玩水，心里也不是很宁愿，总觉得是被逼的，认为这是白白地浪费时间。

　　香港大学自创校以来一直采用英语教学，对中文不太重视。爱玲的目标是从港大毕业后再去美国求学，为了加强英语练习，她给母亲和姑姑写信一直用英文。黄逸梵和张茂渊都出过国，英语底子好，还能给她指出错误的语法。为了锻炼口语能力，她甚至背下英国诗人弥尔顿的整本《失乐园》。正是通过这样的刻苦学习，晚年张爱玲在美国时，才有教授说她的英文作品比美国人还要多。

　　世界从来不会辜负勤奋努力的人。在每门功课第一和连获两项奖学金的情况下，港大免了她的学膳费和住宿费，还有希望毕业后免费送到牛津大学继续深造，这样的成绩总算让她在同学中扬眉吐气。

　　张爱玲不是那种反应特别敏捷的人，她的成绩是通过"真的发奋用功了"得来的。出类拔萃的成绩让同学们渐渐忘记了她的贫穷，取而代之的是对她的赞赏和仰慕。

　　一个人假如没有什么特长，最好是做得特别，可以引人注意。我认为与其做一个平庸的人过一辈子清闲生活，终其身默默无闻，不如做一个特别的人，做点特别的事，大家都晓得有这么一个人，不管他人是好是坏，但名气总归有了。（张爱玲《张爱玲语录》）

夏天时，学校周围山上的野花似火般地燃烧，男同学和女同学相约去山坡上散步。不太善于言辞的张爱玲偶尔也参加活动，与同学们聊天时，大家却说听不懂她说的话。张爱玲沉浸在自己的世界里，无所谓别人听不听得懂，只是专心地做着自己。

有一年暑假，宿舍楼里搬来一群港大附属小学的女孩子。她们整天叽叽喳喳地说个不停，留声机里总是放着清朗的少女的歌声，给冷静的校园带来不少的活力。看着这群热闹的孩子，张爱玲觉得她们很幼稚，在不谙世事的年龄寻找自以为是的乐趣。

一次，宿舍里来了小偷，第二天发现丢了东西。这群女孩子楼上楼下快活地跑来跑去，好像发生了令人兴奋的事，还跑到张爱玲的宿舍门口问她："爱玲小姐，你少了什么东西？"那期待的目光好像希望她房间里所有的东西都被搬完，只剩下一张床和一个她。看着她们期待的目光，张爱玲知道要扫她们的兴，只能很抱歉地说："对不起，我没丢东西。"

这群女孩中，留给张爱玲印象最深的是一个能歌善舞的叫玛德莲的暹罗来女孩，她会跳家乡的祭神舞。她的家乡在遥远的地方，那神也在遥远的地方，她只能珍藏起自己擅长的舞蹈，夹在一群女孩子中，跟她们疯疯癫癫做一个小奴才。

在港大求学期间，张爱玲目标明确，心无旁贷地埋头苦读，爱好文学的她除了那篇参加征文比赛的《我的天才梦》外，无暇再写其他文章。但是不可否认，港大三年是她一生绽放光华的重要阶段，那里的很多场景成为她作品中的背景。

选择不同的路，遇见不同的人，看到不同的景。

在港大，张爱玲遇见了一生的挚友——炎樱。炎樱是张爱玲人生中最长情的朋友，多次出现在她作品中。炎樱姓摩希甸，名法提玛，父亲是阿拉伯裔锡兰人（今斯里兰卡），在上海开珠宝店；母亲是天津人，为了与炎樱父亲结婚，跟娘家多年不来往。

不懂中文的炎樱很喜欢中文，让爱玲帮她起个中文名。起初，爱玲为她取名"貘黛"；"貘黛"音近"麻袋"，听起来不好听，后改为"貘梦"；"貘梦"听起来还是不太舒服，就取了"炎樱"。

炎樱长得并不漂亮，小个子，胖体型，两只乳房特别丰满，大家都认为她有发胖的危险。她自己倒一点都不在意，笑着说出"两个满怀较胜于不满怀"。

两人初识时，炎樱说："每一只蝴蝶都是从前的一朵花的灵魂，回来寻找它自己。"当张爱玲从炎樱嘴里听到这样含意深远的话时，便认为遇见了懂自己的人，从此两人成了形影不离的闺蜜，一度还有人认为她们是同性恋。

炎樱与张爱玲的性格截然不同。炎樱活泼、大胆、又古怪精灵，张爱玲沉默、清高，不善言谈，和炎樱在一起，张爱玲内心的孤独得以释放。

一次，两人去逛街，逛到一个报摊前，炎樱把所有的画报都翻了个遍，却一本都不买。报摊主有意讽刺她，对她说了声"谢谢"。炎樱不但不感到难为情，反而理直气壮地回敬了一句"不客气"。

另有一次，两人去一家犹太人开的店里看东西。炎樱看中一样东西，和店主不断地讨价还价，看店主不肯答应自己说的价格，打开钱包给店主看，说："你看看，买了你这东西，我包里就只有二十元钱了，我还要去喝茶呢。我原本就是出来喝茶的，看你这里的东西实在太好，所以才要买的。"看着面前如此俏皮可爱的姑娘，那老板竟然依她的价格卖给了她。其实她的谎言很容易拆穿，二十元钱根本不够喝茶，只不过活泼调皮的姑娘人人喜爱。

还有一次，爱玲和炎樱一起去商店里看布。为了试那布会不会掉色，炎樱竟然在布上吐唾沫测试，那老板看了也不恼，只是望着她笑。

和别人在一起，张爱玲总是感到不自在，和炎樱在一起却很放松。两个女孩子总有说不完的话，知心的朋友即使随便说说，听起来都是那么有趣。张爱玲收集炎樱平时说的趣话，汇成一本《炎樱语录》。

中国有句谚语是"三个臭皮匠，顶个诸葛亮"，西方有句差不多的谚语是"两个头总比一个好"。作文课上，炎樱把"两个头总比一个好"这话后面加上破折号补充成"两个头总比一个好——枕头上"。当时改作文的是教堂的神父，这样大胆的言辞一般人是真不敢写的。

炎樱的大胆还真不是一般的。在香港陷入战乱时，飞机在头顶"轰轰"地飞，到处都有倒塌的房子和死去的人，大家噤若寒蝉。唯有炎樱在街上大大方方地走，认为生死自有天注定。

同学里只有炎樱胆大，冒死上城去看电影——看的是五彩卡通——回宿舍后又独自在楼上洗澡，流弹打碎了浴室的玻璃窗，她还在盆里从容地泼水唱歌，舍监听见歌声，大大地发怒了。她的不在乎仿佛是对众人的恐怖的一种讽嘲。（张爱玲《烬余录》）

炎樱开朗大方，爱玲内向拘谨；炎樱活泼大胆，爱玲孤僻冷淡；炎樱聪慧善言，爱玲沉默少语。两个性格相反的人走在一起，一静一动，互相映衬，像极了一幅画，成了香港大学的一道风景。

一个不轻易对人敞开心扉的人，一旦遇见知音，就视对方为生命的一部分。一年暑假，两人原本说好不回上海，炎樱家人催她回家。炎樱认定张爱玲不回上海，就独自回家了。当爱玲知道炎樱独自回去后，扑在床上哭了很久。失去拥有过的痛，还不如从来都没有拥有过，一生都在家庭的薄凉中度过的张爱玲遇见投机的炎樱，把她当成最重要的人，她的不告而别使她产生遗弃感。

两人虽然是亲密无间的好朋友，可是一切费用都是 AA 制，包括买蛋糕和坐车。回上海后，两人也常常在一起。每次出门回家，两人总是喜欢坐同一辆车，但必定要把炎樱先送回去。炎樱只付这一半路程的车费，张爱玲除了付这一半路程的车费，还得独自承担余下路程的车费，有时候她就小声嘀咕："为什么总是每次先到你家，我回去就一个人了呢。"

炎樱有着极旺盛的设计欲。张爱玲一些书的封面，胡兰成主编的一些杂志封面，都有炎樱设计的。张爱玲在上海文坛大红大紫时，她的奇装异服并不比她的文采逊色，旗袍外面罩件短袄就是她开的先河。她的很多服装是炎樱设计的。

没完没了的奇装异服，连张茂渊都看不下去了，对张爱玲说："最可气的是她自己的衣服并不怪，你这样简直是爱她。"

炎樱还曾打算和她妹妹一起开家服装店，邀请爱玲做股东。炎樱的妹妹说："爱玲能做什么？"张爱玲认为人们没有多少能力改善生活状况时，却可以改善自身环境——那就是服装，因为每个人都住在衣服里。她说，我动手能力差，可以做广告。广告怎么做呢？炎樱是穿衣"专家"，可以把她的衣服和自己的衣服及朋友们的衣服，都用流水账的方式记录下来，在后面标上"炎樱时装设计"几个字。

在服装店开张之前，张爱玲写了篇《炎樱衣谱·前言》，文章最后一节是耐人寻味的警句，也可以说是她为自己的穿着进行申辩：

除了做广告以外，如果还有别的意义，那不过是要使这世界美丽一点！使女人美丽一点，间接的也使男人的世界美丽一点。（张爱玲《炎樱衣谱·前言》）

不知为何，她们的服装店终究没有开张，张爱玲的《炎樱衣谱》也就只有前言，没有后文了。当张爱玲与女作家苏青成为朋友后，苏青听说炎樱对服装设计很在行，恰巧自己在服装店刚做了一件新衣，试穿那天，让爱玲带上炎樱，帮她参谋参谋服装的式样：

> 去年秋天，她（苏青）做了件黑呢大衣，试样子的时候，要炎樱帮着看看。我们三个人一同到那时装店去，炎樱说："线条简单的于她最相宜。"把大衣上的翻领首先去掉，装饰性的榴桐也去掉，方形的大口袋也去掉，肩头过度的垫高也灭掉。最后，前面的一排大钮扣也要去掉，改装暗钮。苏青渐渐不以为然了，用商量的口吻，说道："我想……钮扣总要的罢？人家都有的！没有，好像有点滑稽。"我在旁边笑了起来，两手插在雨衣袋里，看着她。（张爱玲《我谈苏青》）

张爱玲是真心喜欢炎樱的幽默和淘气。两人在一起时，炎樱常常和她开玩笑，而说出来的话总是妙趣横生，两人常常开怀大笑。张爱玲与别人在一起时有很多顾忌，担心人家嫌她烦，不爱多说话。犹如她小时候读书回家，自己嘀嘀咕咕地和大人说着学校里的趣事，她说得津津有味，大人却只是淡淡地回应，说着说着，自己都感觉没趣了。

张爱玲喜欢听炎樱说话。当炎樱口吐莲花、妙语连珠时，张爱玲就把那些有趣的话记录下来，写进《炎樱语录》里。这样的炎樱，这样的闺蜜，在青春年华里，或许我们每个人都拥有过，只是在时间的冲洗下，走着走着就散了。

古代的夜里有更鼓，现在有卖馄饨的梆子，千年来无数人的梦的拍板："托，托，托，托"——可爱又可哀的年月呵！（张爱玲《私语》）

胡兰成曾说过，"爱玲是美貌佳人红灯坐，而炎樱如映在她窗纸上的梅一朵"。这样的一对闺蜜，最后也败给时间，相忘于江湖。回看岁月深处那些相亲相爱的旧时光，真是可爱又可哀的年月呵！

香港沦陷

　　张爱玲非常珍惜港大的读书机会。为了有机会保送去牛津大学，她不参与同学组织的游玩，放下自己深爱的写作，一心扑在学习上。可是理想和现实之间横亘着一条鸿沟，很多时候不是靠努力就能逾越，就像张爱玲自己所说："人生有时候，总是很讽刺！"

　　1941年，日军入侵香港。12月8日早上，香港上空突然响起一阵阵沉闷的飞机轰鸣声，沉睡中的张爱玲及其同学都被炮声惊醒。起初，大家以为是防空演习。当得知驻港的5架英国皇家空军飞机被炸毁时，大家才如梦初醒，知道战争真正的来临了。

　　对于一帮整日沉溺于歌舞升平的贵族公子来说，随着战争的来临，他们并没有意识到战争的残酷。就像张爱玲当时正为一场刚刚结束的大考成绩忐忑不安，当得知战争正式开始时，反而松了口气，说："这下好了，考好考坏都没有关系，反正成绩出不来。"

随着被炸毁的建筑物越来越多，空气中到处弥漫着呛人的滚滚浓烟，香港拉开了保卫战。香港大学亦停止上课、办公，宿舍区无人管理，异乡的学生被赶出学校自寻出路。仅仅几天时间，曾经灯红酒绿的港岛相继失守，成了一个人心惶惶的孤岛。大街小巷上到处是尸体和饥民，还有被大面积损毁的建筑，一切都陷入了恐慌之中。

从学校驱逐出来的学生没有地方住宿，没有东西填肚。为了解决生存问题，张爱玲和一群同学到防空总部报名做了防空员。在这样的环境里遇见喜欢的书，张爱玲竟然还能坦然阅之：

驻扎在冯平山图书馆，发现一部《醒世姻缘》，马上得其所哉，一连几天看得抬不起头来。房顶上装着高射炮，成为轰炸目标，一颗颗炸弹轰然落下来，越落越近。我只想着：至少等我看完了吧。（张爱玲《忆胡适之》）

香港保卫战仅仅持续了18天，最终以英军彻底失败，日军大获全胜占领香港而结束。1941年12月25日晚上7点，香港总督大人到九龙半岛酒店日军指挥部和日军签署了无条件投降文件。这一日，成为香港历史上最黑暗的一个圣诞节。

休战后，香港大学成了"临时医院"，张爱玲又报名去做看护。做看护时，每天对着一大堆伤残的病人难免心情郁闷，其中有个病人伤得很重，每天不停地呻吟，连晚上也如此，搅得大家都睡不安稳，张爱玲和同学们都很讨厌他。

一天晚上，轮到张爱玲值班。她拿着《官场现形记》在昏暗的走廊里看书，那个重伤的病人呻吟声越来越重，还不断地喊着"看护过来，看护过来"，爱玲顾自看书，不去理他。他的喊声吵得大家都睡不了，其他病人以为爱玲没有听到，帮着他喊："姑娘，你来看看，不然吵得大家都不要睡了。"

爱玲听了，才极不情愿地站起来去看他，那人口唇干裂，脸色惨白。爱玲喂给他一点水后，又顾自去看书了。后半夜，那人的呻吟声轻了，爱玲和其他看护以为他睡着了。黎明时去看，那人居然已经去世了。

在暗无天日的沦陷期，生命如草芥般卑微。爱玲和其他看护还为这个病人的死亡而高兴，几个人忙着把最后一点面包和牛奶拿去开水间热了热，以此来庆祝这个病人的离去。

许多年后，爱玲回想起这一幕，已然没有了当初的喜悦，而是一种沉重的负担，觉得自己是个没有良心的看护。她在心里说："痛苦的人离去了，自私的人就这样活了下来，若无其事的。"

战争时期死亡是常见的事，只要能活下来就是幸福。在这样的日子里，居然还有人恋爱。爱玲目睹了一对恋人，男人长得并不十分的慈眉善目，女人亦不是超凡脱俗，他们在短时间内相识相爱，空袭中借来车子去结婚。在这样脏乱和不安的环境中，偶尔发现一点珍贵的东西，就能让人高兴个一天半日。

身处乱世，张爱玲冷眼观看世事的多变，静静地思考"生命到底是什么"的哲学难题。这道题原本不会引起一个二十来岁女孩的好奇，可是每天面对死亡的威胁，让人感觉生命随时都会消失。当死亡成为日常时，生命成了最无常的东西，爱玲得出"想做什么就去做，想说什么就赶紧说，说不定马上就来不及了，当下才是最重要"的结论。

确实如此，那年年底，黄逸梵变卖了一些古董做资本，让她的外国男友去新加坡做生意，结果男友在新加坡的一次大轰炸中不幸死去。自此，黄逸梵越走越远，开始余生的飘零，家园成为她看不见的思念。

香港沦陷期间，最缺少的是饮食。战争过后，大街上一下子冒出很多的小商小贩，大家好像商量过一样，卖的都是吃的。有教授在街头卖烧饼，有医生在街头卖烤饺，有银行家在街头卖茶叶蛋，整个城市好像成了美食城。大家像饿死鬼一样，把手中仅有的一点钱都兑换成食物。

张爱玲和炎樱在战争期间吃过蛋粉做的炒蛋，也在堆满尸体的街边吃过萝卜丝饼。离开香港后，张爱玲最怀念的是港大时常去的天星码头附近的一家青岛咖啡店。在 20 世纪 50 年代和 60 年代两次再赴香港时，她都去过这家咖啡店。

香港中环近天星码头有一家青鸟咖啡馆，我进大学的时候每次上城都去买半打"司空"（scone），一种三角形小扁面包——源出中期英语 schoonbrot。第二字略去，意即精致的面包……这"司空"的确名下无虚，比蛋糕都细润，面粉颗粒小些，吃着更"面"些，但是轻清而不甜腻。美国就买不到。

上次回香港去，还好，青鸟咖啡馆还在，那低矮的小楼房倒没拆建大厦。一进门也还是那熟悉的半环形玻璃柜台，但是没有"司空"。我还不死心，又上楼去。楼上没去过，原来地方很大，整个楼面一大统间，黑洞洞的许多卡位，正是下午茶上座的时候。也并不是黑灯咖啡厅，不过老洋房光线不足，白天也没点灯。

楼梯口有个小玻璃柜台，里面全是像蜡制的小蛋糕。半黑暗中人声嘈嘈，都是上海人在谈生意。虽然乡音盈耳，我顿时惶惶如丧家之犬，假装找人匆匆扫视了一下，赶紧下楼去了。（张爱玲《谈吃与画饼充饥》）

无情的战火摧残着一切，张爱玲在学校里的文件记录也全被烧毁，心中难免遗憾，她却只是轻轻地说："学校的文件记录全被烧光了，什么都没留下，那段时间的努力即使有成就，也注定保留不下来。"

香港大学校友纪念堂里，有一些关于张爱玲的文件记录，现今展出的资料是张爱玲的遗产监管人宋以朗先生捐献的。亲历香港战乱，留给她刻骨铭心的记忆，小说《倾城之恋》里关于战争的描写大部分来自这次真实的战争体验。

许多年后，张爱玲做了一个梦：梦中独自乘船去港大，在风雨交加的深夜到达香港。她狼狈地提着行李箱走到学校门口，不敢惊动宿舍管理员，只好站在漆黑的门洞里过夜。冷风冷雨冻凉了裸露的双脚，她想给脚找个温暖的地方，始终找不到。天亮后，一个阔太带着女儿来上学，她才趁乱钻进宿舍，找到自己的房间。

这时，梦醒了。

重回上海

随着香港的沦陷，张爱玲的深造梦破碎了。1942 年夏天，还未毕业的张爱玲和炎樱一起踏上了回归上海的航船。

旧的结束了，新的开始了。从香港驶往上海的航船上，张爱玲与炎樱站在船头远眺着上海的方向，想象着上海的繁盛与激情，这个有着"东方冒险家乐园"称呼的大城市留给张爱玲的印象还是深刻的。

离开上海之前，张爱玲一直生活在父母的羽翼下，还是一个不独立的小姑娘。父母虽然没有给她足够的安全感和幸福感，至少可以依靠。这次回来，经过大学三年的洗礼，再加上经历战争的残酷，她长大了，不管精神上还是经济上都比以前独立，感觉自己有能力去享受新的生活。

"打从她小的时候，上海就给了她一切承诺。"在船上，张爱玲有一种迫不及待想要回归上海的念头，希望这是一个新的起点，开启自己新的人生。

回到上海，张爱玲找到姑姑张茂渊。张茂渊还住在静安寺路赫德路（后改称常德路）口的爱丁堡公寓（后改称常德公寓），这是 1939 年时黄逸梵与张茂渊带着张爱玲一起搬过来的。三年过去了，张茂渊还住在这个公寓里，只不过由当初的 5 楼 51 室搬到了 6 楼 65 室，也由当初的三个人变成了一个人。

在张爱玲的一生中，爱丁堡公寓有着特别的意义。没去香港之前，她随母亲和姑姑居住在此；第一次从香港回来，又入住这个公寓；她在这里开始写文章，从而一举成名；她又在这里认识第一任丈夫胡兰成，有了一段短暂而又绵长的倾世之恋。

翻阅张爱玲的创作年表，生活在爱丁堡公寓的几年是她创作的高峰期，《沉香屑·第一炉香》《沉香屑·第二炉香》《倾城之恋》《金锁记》《留情》《红玫瑰与白玫瑰》等作品都是在这里创作完成的。直到 1947 年 6 月，她和胡兰成离婚后，才与姑姑迁居到重华新村。

她一生有很长时间居住在公寓，对公寓有着特别的感情。后来，她还专门写了一篇题为《公寓生活记趣》的关于公寓生活的散文。从香港回来刚入住爱丁堡公寓的那段时间，她整个人还没有从战争的恐惧中走出来，常常因开错水龙头把空水管发出的"轰轰"声当成飞机的轰炸声：

> 自从煤贵了之后，热水汀早成了纯粹的装饰品。构成浴室的图案美，热水龙头上的 H 字样自然是不可少的一部份；实际上呢，如果你放冷水而开错了热水龙头，立刻便有一种空洞而凄怆的轰隆轰隆之声从九泉之下发出来，那是公寓里特别复杂，特别多心的热水管系统在那里发脾气了。即使你不去太岁头上动土，那雷神也随时地要显灵。无缘无故，只听见不怀好意的"嗡……"拉长了半晌之后，接着"訇訇"两声，活像飞机在顶上盘旋了一会，掷了两枚炸弹。在战时香港吓细了胆子的我，初回上海的时候，每每为之魂飞魄散。
>
> （张爱玲《公寓生活记趣》）

在上海安顿下来后，为了拿到文凭，张爱玲想到圣约翰大学（今万航渡路 1575 号）读完本科。圣约翰大学是 1879 年美国教会在上海创办的院校，分文、理、医、神四个学院，学校教育以严格著称，毕业生享有美国同等学力待遇，被誉为设在中国的"西点军校"。圣约翰大学的学费很贵，一般人读不起。此时，张爱玲已与母亲断了联系，如果向姑姑要学费和生活费是如何都开不了这个口的。

一次，张子静来看望姐姐，问她今后有什么打算。张爱玲说，凭自己当时在港大的优异成绩如果能顺利毕业，大概率可以免费去牛津大学深造，如今离毕业还有半年，希望转入圣约翰大学继续学业。"不过——学费，母亲不在，姑姑也没钱。"她叹了一口气，把姑姑的话传给弟弟听，"姑姑说，'当初你父母协议离婚时，姐弟俩的教育费和生活费都由你父亲负担，港大三年他都没出钱，剩下半年应该由他来负担。'"

张子静听了姐姐的话觉得有理，同意由他出面安排姐姐与父亲见面。这次见面是爱玲被软禁出逃后与父亲的第一次见面，一晃已时隔四年。

到了约定见面的那日，张爱玲在弟弟的陪同下朝父亲家走去。路上，张爱玲想起父亲当年在一声声"我要打死你，我要打死你"的高喊中伴随着的一下下重拳，时隔多年，依然感到毛骨悚然，那一幕仿佛还在昨日，不知不觉慢下了脚步。

张子静能理解姐姐的心情，在一旁鼓励她，说继母会主动回避。张爱玲知道，若要完成学业，除了这条路再没其他路，不得不硬着头皮继续前行。还好，到了父亲家，继母果然已经回避了。

因为夫妻两人吸毒，张家的境况已大不如从前，房子一搬再搬，已经搬到一条弄堂里的一座小房子里。站在阳台下的阴影里，前尘往事涌上心头，张爱玲差点落下泪来。

　　见到父亲，张爱玲简单地说了自己的现状，然后低着头，局促不安地站在张志沂跟前。看着多年未见的女儿，张志沂略微沉思，转身从一个抽屉里拿出一些钱，递给张爱玲，可是只够学费。张爱玲沉默地接过，拿着那点钱回到姑姑处。看着侄女，张茂渊答应出生活费。

　　要进圣约翰大学必须进行转学考试。这次考试很是尴尬，有着写作天赋的张爱玲居然中文不及格。她求读的圣玛利亚中学和香港大学都重视英文教育，一些中文知识被忽视了。张爱玲只能先进补习班学习中文。补考及格后，张爱玲终于进了圣约翰大学。

　　张志沂不善理财，家里的主动权完全落在继母手上，除了那笔学费，基本上没有再给过张爱玲生活费；在国外的黄逸梵靠变卖古董为生，每次回国只为带走一些古董，哪里还顾得上女儿。张茂渊给的生活费并不充足，张爱玲只能半工半读，身体单薄的她常感体力不支。思量再三，张爱玲觉得不能这样拖累姑姑，两个月后，她给大家找了个借口，说在学校上学也学不到什么，等于是浪费时间，还不如去图书馆借几本书回来自学有成效，到底是从那所学校辍学了。

　　辍学后，张子静提议姐姐去做教师。张爱玲是在没人或不需要与人打交道的场合才能感受到生命欢悦的人，认为教书这种既要演戏又要懂得做人的职业不适合自己。在待人接物方面天生愚笨的人，最理想的工作是在与人隔绝的空间里独舞。

第三卷

妙笔绽放繁花闹

出名要趁早呀，来得太晚的话，快乐也不那么痛快。

成名趁早

1931 年秋天，11 岁的张爱玲被母亲像拐卖人口一样送到上海圣玛利亚女校；1937 年夏天，17 岁的她高中毕业。在圣玛利亚女校求学的几年，本该是向日葵追逐太阳般激情的美好时光，父母离异让她变得忧郁冷漠，整天一个人闷闷不乐。

她一贯的孤僻冷漠，还懒惰，常常连作业也忘记交。当老师问她时，就说"我忘了"。有一次，她又忘了交作业，老师催她。她开口说出"我"字，老师接过她的话"——忘了。"她笑笑，不狡辩，也不找借口，继续自顾画着老师的肖像，过着不合群又懒散的少女时代。

我是一个古怪的女孩，从小被目为天才，除了发展我的天才外别无生存的目标。然而，当童年的狂想逐渐褪色的时候，

我发现我除了天才的梦之外一无所有——所有的只是天才的乖僻缺点。世人原谅瓦格涅的疏狂，可是他们不会原谅我。（张爱玲《我的天才梦》）

她在《我的天才梦》里说到世人不会原谅她的缺点，但是对于一个难以掩饰其文学才能且日益出色的女孩子，想要不喜欢都难。在圣玛利亚女校时，其他同学还在按老师的命题敷衍成呆板的八股文，她已经开始写命题文章，独树一帜的写作风格使她成为校园名人。

圣玛利亚女校有一本名为《凤藻》的校刊。1932 年第 12 期，《凤藻》刊登了张爱玲的小说《不幸的她》，这是她在该刊发表的第一篇文章，也是唯一的一篇小说，文中有一句富含哲理的话："人生聚散，本是常事，我们总有藏着泪珠撒手的一天。"在常人眼中，这是要经历多少悲欢离合、见过多少人情冷暖的人才能对世事有此深刻体会。如果不是校刊编辑在文末特别注明作者是一个初中一年级的学生，又有谁会相信这是出自一个 12 岁女孩之笔？在随后几年，她又在《凤藻》上相继发表了《迟暮》《秋雨》《论卡通画之前途》等散文和评论文。这期间，她还写有其他作品，包括张志沂为她撰写目录的章回小说《摩登红楼梦》和很得后母喜欢的《后母的心》，还有一篇是《理想中的理想村》。

1934 年，14 岁的张爱玲升入圣玛利亚女校高中部。那时的教会学校普遍轻视语文。女校的中文部教务主任叫汪宏声，兼高中语文课，刚好是张爱玲的语文老师。汪宏声是浙江吴兴人，1910 年出生，1930 年毕业于上海光华大学第五届教育系。他是一位颇有国教之道的教育家，在盛行英文的教会学校仍旧重视语文教学，尤其注重作文。

汪宏声是张爱玲中学时代最喜欢的老师，不但教法新颖，而且人又好。1936 年，张爱玲写了一篇题为《看云》的文章，全文清新自然、辞藻华美，是一篇极好的写景散文，汪老师在作文课上看到这篇文章时大为赞赏。从香港回到上海后，张爱玲向老同学打听汪老师的近况，汪宏声恰巧没在上海，无缘相见。

1937 年，圣玛利亚女校创办半月刊《国光》。张爱玲在创刊号上发表模仿新文艺风格的小说《牛》，随后还在该刊物上发表了《霸王别姬》及评论张若谨小说的《若馨评》《读书报告叁则》等作品。在《霸王别姬》一文里，她尝试将西方现代心理分析法与中国古典小说的传统叙事法融合一起，这种成熟的写作技巧，又让汪宏声叹服。汪宏声在公开课上对这篇文章大加褒扬，说可以与郭沫若的《楚霸王之死》相提并论。

张爱玲不是一个活泼的人，在女校却有着极强的存在感，教员们没有不知道她的。在学校休息室里，他们议论这个天才少女，几次提议让她担任《凤藻》的编辑，却被她委婉拒绝。

这个天才少女在学校里以写作出名，几年后同样以写作在上海滩大红大紫。但是她人生中的第一笔稿费却是因为绘画：

生平第一次赚钱，是在中学时代，画了一张漫画投到英文《大美晚报》上，报馆里给了我五块钱，我立刻去买了一支小号的丹琪唇膏。我母亲怪我不把那张钞票留着做个纪念，可是我不像她那么富于情感。（张爱玲《童言无忌》）

九岁时不知该选择音乐或美术作为终身事业的张爱玲，当初的她根本没考虑未来的自己将会从事文字事业，并一写一辈子。艺术是相通的，有着玲珑心的张爱玲不但写得一手好文，也画得一手好画。高中毕业时，她给班里30多个同学各画了头像加卡通身段的肖像画；香港战乱期间，她给炎樱画过肖像，有人愿意用五美元买下那画，被认可的喜悦让她忘了自己正置身在战争中。

在港大上学的三年，张爱玲除了参加《西风》征文比赛写了《我的天才梦》，没有再进行其他文学创作，只是一心扑在学习文化知识上。如果那段时间她写了作品还来不及发表的话，一切也会被战争打翻的。

从圣约翰大学辍学后，为了养活自己，不喜欢与人交往的张爱玲选择"卖文"为生。开始时，她在英文报上用英文写文章，在《泰晤士》报上写些剧评影评，发表的有《婆媳之间》《鸦片战争》《秋歌》《乌云盖月》等作品；在德国人办的《20世纪》月刊上，发表的有《中国的生活与服装》《中国人的宗教》等一类关于中国传统文化内容的文章。通过这些文章可以看出，张爱玲对中国的传统文化有着深入的了解。

1942年底，这是一段在黑暗中前行的日子，为了养活自己，张爱玲在爱丁堡公寓里写着不喜欢的文字。两年后的这个时候，她的《传奇》由《杂志》出版社出版，出版四天又再版，给自己的人生创造了传奇。出名的她在《〈传奇〉再版的话》里发出响亮的声音：

呵，出名要趁早呀，来得太晚的话，快乐也不那么痛快。最初在校刊上登两篇文章，也是发了疯似地高兴着，自己读了一遍又一遍，每一次都像是第一次见到。就现在已经没那么容易兴奋了。所以更加要催：快，快，迟了来不及了，来不及了！（张爱玲《〈传奇〉再版的话》）

想做一件事，总能找到千万个理由；不想做一件事，也能找到千万个借口。在《倾城之恋》里,为了成全白流苏的爱情,香港沦陷了;可是谁又知道,1941 年的香港沦陷,是不是为了造就一个写作天才;而圣约翰大学的无奈辍学,是不是造物主对她最隐匿的一种恩赐呢? 在这个不可理喻的世界里,谁知道什么是因,什么是果?

时间会给出答案!

从圣约翰大学辍学后，居住在爱丁堡公寓的张爱玲开始"卖文"为生。这期间，她的洋文收入虽然不错，但是自以为"我就是为小说而生的"张爱玲，不甘心只写些影评、剧评与介绍类的文字。她的心底有个强烈的愿望：写小说，写自己喜欢的文字，看看到底能不能在上海文坛占得一席之地。

黄逸梵娘家有位远房亲戚叫黄岳洲，浙江奉化人，是上海知名的园艺家，在 20 世纪 30 年代担任上海市花树同业公会会长、上海市商业同业公会常务理事。1909 年，黄岳洲在上海真如松浜桃溪购地十余亩，经营"黄氏畜植场"，这个植场被上海人称之为"黄家花园"，当时上海很多名流是黄岳洲的座上宾，张爱玲的母亲黄逸梵也常去黄园。

因同好园艺，黄岳洲与一位叫周瘦鹃的人成为挚友。与周瘦鹃小聚时，黄岳洲数度向他提起自己一个很有才华的远房外孙女，只是周瘦鹃一直没往心里记。当时在给英文杂志写稿子的张爱玲为了能让自己的小说面世，去黄园找黄岳洲。她向黄岳洲说了自己的想法和计划。黄岳洲给她写了一封推荐信，让她去找周瘦鹃。

周瘦鹃，原名周国贤，江苏苏州人，现代作家、文学翻译家，也是一位园艺爱好者。写作之余，他以相当大的精力从事园艺工作，开辟了苏州有名的"周家花园"。"周瘦鹃"是他的号，后来一直用此号当名字。他这样解释自己的号："最带苦相的要算是我的'瘦鹃'两字。杜鹃已是天地间的苦鸟，常在夜半啼血，如今加上个'瘦'字，分明是一只啼血啼瘦的杜鹃。这个苦岂不是十足的苦么？"

周瘦鹃有个英文名为"紫罗兰"的初恋女友。他对她痴恋一生，在院子里种满紫罗兰，称书房为"罗兰庵"，主编的月刊也名《紫罗兰》。

1943 年的初春，空气中还残留着冬日的寒意，可是杨柳已经发芽，小草开始苏醒，给人一种即将春色满园的期待。初春的阳光沐浴着万物，张爱玲行走在街上，带着黄岳洲的推荐信与自己刚完成的两部小说《沉香屑·第一炉香》《沉香屑·第二炉香》去拜访素昧平生的周瘦鹃。

那天上午，周瘦鹃正懒洋洋地待在罗兰庵里不想出门。

他小女儿找到他，递给他一个挺大的信封，说有位张女士来访。周瘦鹃打开信封一看，原来是朋友黄岳渊介绍了这位女士前来和自己谈小说。他立即起身去会客厅，见到了穿着鹅黄缎半臂、长身玉立的张爱玲。

那天，他们谈了两个小时。分别时，张爱玲留下带来的两本稿子。周瘦鹃对张爱玲说，自己平时比较忙，等看完后再做决定，让她一星期后来听回音。

一星期后，张爱玲准时出现在周瘦鹃家的会客厅里。周瘦鹃一见她就说："你的小说写得很好，非常的好。我主编的《紫罗兰》即将复刊，你是否同意这两篇小说在我的杂志上发表？"

张爱玲当即同意了。

样刊出来后，周瘦鹃带着样刊去找张爱玲。张爱玲在自家简洁而精致的小客厅里招待他，张茂渊也在。张爱玲用精美的茶杯给各人泡了牛酪红茶，用同样精美的碟子盛了甜咸俱备的西点，三个人喝着茶，吃着点心，聊着天，时光变得轻盈而又美好。

5月份，张爱玲的《沉香屑·第一炉香》小说发表在复刊后的《紫罗兰》第二期上，周瘦鹃高度评价了这篇小说，也是国内第一篇盛赞张爱玲作品的评论文章：

　　1943年初春，黄园主人岳渊老人介绍一位女作家张爱玲女士来，要和我谈谈小说的事……说着，就把一个纸包打开来，将两本稿簿捧了给我。我一看标题叫做《沉香屑》，第一篇标明《第一炉香》，第二篇标明《第二炉香》，就这么一看，我已觉得它很别致，很有味了。当下我就请她把这稿簿留在我这里，容细细拜读，随又和她谈起《紫罗兰》复活的事……

　　请读者共同来欣赏张女士一种特殊情调的作品，而对于当年香港所谓高等华人的那种骄奢淫逸的生活，也可得到一个深刻的印象……（周瘦鹃《写在〈紫罗兰〉前头》）

　　《沉香屑·第一炉香》这篇精工绘制、意象迷蒙、似古实雅、韵味独特的小说，在《紫罗兰》杂志上一亮相，立即引起了上海文坛的关注。这是张爱玲正式发表的第一篇小说，也是她的成名之作，被称为"香港传奇"。

　　趁热打铁，《紫罗兰》紧接着在6月份又发表了她的《沉香屑·第二炉香》。艳如初生般日出的文笔把故事叙述得绮丽多姿，连续两篇小说显露了张爱玲驾驭文字的非凡能力，顿时震撼了整个上海文坛。

　　一个文学天才横空出世，上海文坛随之震惊。这时，上海许多文学圈人士开始关注起这个新人物，包括《万象》杂志的主编柯灵。柯灵，原名高季琳，笔名朱梵、宋约，1909

年出生，1932年6月参加革命，是中国电影理论家、剧作家和评论家。

《万象》是一本综合性文学月刊，兼顾时事、科学、文艺及小说。它创建于1941年7月27日，首任编辑是陈蝶衣，发行人为平襟亚；1943年7月改由柯灵为编辑，当时他正在寻求各方作家支持。

偶尔间翻阅复刊后的《紫罗兰》，柯灵读到张爱玲的《沉香屑·第一炉香》时被怔住了，脑子里蹦出一系列的问题：张爱玲是谁，我如何才能找到她，如何请她写稿？

7月里的一天，一个穿着色泽淡雅的碎花丝质旗袍的女子腋下夹着一个报纸包，走进了柯灵的办公室，说有一篇稿子想让他看看。柯灵问她名字，当从她嘴里吐出"张爱玲"三字时，柯灵喜出望外。

张爱玲这次带去的是小说《心经》及手绘插图。两人虽是初见，柯灵却觉得对她一点都不陌生，仿佛是多年未见的朋友。临别时，柯灵诚恳地希望张爱玲能经常为《万象》写稿。

厚积薄发，在短短几个月内，张爱玲的作品大量进入世人视野：《心经》在《万象》8月份上开始刊登；几乎与《心经》发表的同时，张爱玲的另一部小说《茉莉香片》也在《杂志》月刊第11卷4期上发表；8月10日，散文《到底是上海人》在《杂志》月刊第11卷5期上发表；9-10月，小说《倾城之恋》在《杂志》第11卷6、7期上发表；11月，小说《琉璃瓦》在《万象》月刊第5期上发表；11月10日-12月10日，小说《金锁记》分两次在《杂志》月刊第12卷2-3期上发表；12月，散文随笔《更衣记》在《古今》第34期发表……

此时，与张爱玲私交甚好的苏青也开始主编女性杂志《天地》。11月，小说《封锁》在《天地》月刊第2期上发表。《天地》杂志创刊后，张爱玲是发稿最勤快的一位作家，也是《天地》杂志女性色彩最亮眼的一抹。

大红大紫

　　周瘦鹃毕业于上海民立中学，精通英文，翻译过大量欧美著作，是旧文人圈子中为数不多的对西方文学有所了解的人，对文学作品有着较高鉴赏能力。他看出张爱玲的小说不仅有《红楼梦》的影子，还受英国小说家、戏剧家毛姆的影响，与强调严肃性、思想性、鄙薄娱乐性的新文学大异其趣。周瘦鹃无疑是发现张爱玲这匹千里马的伯乐，给了张爱玲开始的《紫罗兰》却在刊登她两篇文章后，再没有刊登过其他作品。想来张爱玲是想借助《紫罗兰》当时的销量，先让自己的文章有大批读者，造成声势，然后再进军严肃杂志。一切均在她的掌握中，果然以此取得了成功的开始。

　　1944年，张爱玲的创作呈现井喷式爆发，大量作品登上各种杂志：1月份，散文《道路以目》在《天地》月刊第4期发表；同月，散文《必也正名乎》在《杂志》月刊第 12 卷 4 期发表；1-6 月，长篇小说《连环套》开始在《万象》月刊上连载，7 月自动腰斩；5-7 月，小说《红玫瑰与白玫瑰》在《杂志》月刊第 13 卷上连载……

其中创作于该年的作品《童年无忌》与《私语》可以说是她的自传体散文。《童言无忌》从钱、穿、吃、弟弟四部分分开说，写到童年成长经历和自身对一些事物的看法，也倾诉了家庭不和的烦恼以及读书时期的孤独。《私语》前半部分描述的是她在天津生活的儿时时光，那时的她感受着懵懂的幸福，后视之为一生中最为温暖的记忆；后半部分写到父母离异后的生活，把与后母发生矛盾、被软禁、生病、逃走的经过细细说了一遍，展示了成长期的阵痛，这也是造成她性格孤僻清冷的主要原因。唯独有意忽略了自己得痢疾时父亲为她打针的一个细节，或许被家暴是张爱玲一生都难以忘却的痛，那点慰藉根本给不了她一丁点的温暖。后来，张志沂在 1944 年《天地》月刊第十期上，看到女儿在《私语》一文中描述父亲与继母的可恶及对整个家庭的憎恨时，他大为恼火。可是此时张爱玲已是上海滩最有名的作家，翅膀已硬，鞭长莫及，他只能独自生气罢了。

最能代表张爱玲写作风格的作品是《倾城之恋》与《金锁记》。《倾城之恋》的故事背景发生在香港沦陷时，这是张爱玲亲历过的熟悉场景，一对精明的男女主人公开始交往时就各怀鬼胎，因为环境使然，原本不被人看好的逢场作戏，最终走到了一起。男主人公最后把那些曾经和女主人公说过的话省下来再说给其他女孩子听，他认为女主人公已是自己的太太，再也不需要哄着宠着，可是这样的生活，对一个女人来说多少还是惆怅的。想起当时那些有趣的情话，男主人公站在细雨蒙蒙的码头上，迷茫地等着女主人公，说她像一个药瓶，是治他的药。当一个男人为了哄一个女人时，什么样的情话都能说出口，能拨动女人心底最柔软的弦，而终于得到后，一切就都变得廉价了。小说刻画了人性的冷漠，即使最后大团圆，依然让人感到冰冷的窒息。

很多广为流传的张爱玲名言，都是出自《倾城之恋》，比如"因为爱过，所以慈悲；因为懂得，所以宽容""生在这世上，没有一样感情不是千疮百孔的""如果你认识从前的我，那么你就会原谅现在的我""但是在这不可理喻的世界里，谁知道什么是因，什么是果？谁知道呢？也许就因为要成全她，一个大都市倾覆了。成千上万的人死去，成千上万的人痛苦着，跟着是惊天动地的大改革"……

有个作家曾经说过，不幸的童年能够造就优秀的作家。童年的不幸，少年的忧郁，对香港沦陷期的亲身经历，让张爱玲过早地感受了生命的渺茫、人生的无常，对命运的领悟有着独特的穿透力。她的文字透露出历经沧桑的凄凉感，再加上写作艺术的圆满，语言驾驭的精美，很难让人相信这篇堪称中国现代爱情小说的经典之作是出自一位这样年轻的女子之手。

《金锁记》主要写了小商人家庭出身的曹七巧一生的心理变化，她一生戴着黄金的枷锁，最后用这个枷锁伤害了身边所有的人，死的死，没死的也只剩下半条命。张爱玲用平淡的文字渲染出巨大的悲剧色彩，体现出当时社会两性心理的基本意蕴，创作中没有前卫的思想，故事内容的发展却给人石破天惊的感觉。

张爱玲称《金锁记》中的曹七巧为"英雄人物"，说她拥有"一个疯子的审慎和机智"，用病态的方式向社会报复，害得身边的亲人没有一个善终。这个故事很明显有着《红楼梦》的叙述手法，她把现代中国心理分析小说推向极致，主人公心理变态的过程、文中对话的毒辣可谓产生石破天惊的艺术效果，立体到书中人物就在你眼前，一边是内心的表露，一边是人物的表演。

1961年，中国旅美文学评论家夏志清在发掘并论证中国重要作家的文学史地位后，写出了影响深远的《中国现代小说史》一书。张爱玲的文章很得夏志清的赞赏，《中国现代小说史》一书中写张爱玲的篇幅多达46页，甚至超过写鲁迅的篇幅，他对《金锁记》的评论是"中国从古以来最伟大的中篇小说"。

夏志清是在张爱玲文学高峰期参加活动时认识，后来两人都在美国生活。夏志清对张爱玲很是关心，在美国时期帮过张爱玲不少的忙，可以说是张爱玲人生中的一个至交。

1944 年 12 月 16 日，张爱玲自编话剧《倾城之恋》在上海新光大戏园上演。导演朱端钧，罗兰饰白流苏，舒适饰范柳原，在上海公演一个月，共演八十场，场场座无虚席。

从 1943 年的横空出世到 1944 年的大红大紫，一年多时间里，张爱玲从一个默默无闻的大学肄业生逆袭成红遍上海滩的头号文人，真可谓是异军突起。她的高产及作品本身的精练，再加上当时一些杂志的追捧，从而造成轰动效应，让她快速登上人生顶峰，傲视群雄。

张爱玲说："不是每一次努力都会有收获，但是，每一次收获都必须努力，这是一个不公平的不可逆转的命题。"她靠着天赋和努力让自己成为一颗文坛巨星，不但在上海站稳了脚，而且以破竹之势形成轰轰烈烈的姿势继续前进。

再创传奇

看着张爱玲的异军突起，一些有识之士喜忧参半，喜的是文坛出此有才之士，作品成为文学瑰宝，忧的是当时日伪法西斯文网高张、环境复杂、清浊难分，有些捧她的杂志背景不明。

当时为了抢购祖国典籍，保护祖国文化，在上海隐姓埋名的郑振铎出于对青年作家的爱护，让柯灵转告张爱玲：不要急于发表，先把作品写出来交给开明书店保存，可以预支稿费，等日后国内形势明朗了再找机会出版。开明书店的责任编辑是叶圣陶，此时全家已搬迁重庆，夏丏尊和老板章锡琛在上海留守。

柯灵刚好收到张爱玲的来信，说《杂志》要给她出本小说集，征求他的意见。柯灵与张爱玲打过几次交道，自然了解张爱玲的为人，知道不能直说，就给她寄了一份上海某些出版商翻印质量差、价格便宜的古籍和通俗类小说的书目录，供她参考。最后，柯灵诚恳地对她说："以你的才华你的作品一定不会被埋没，现在出版社鱼目混珠，希望你静待时机，再寻出版。"

柯灵的提醒没有引起政治意识淡薄的张爱玲的重视，照常美文铺地、珠玉满盘。在1943-1944年的上海流行杂志里几乎都有她的作品，真可谓是集万千宠爱于一身。她的回绝很坦率，给出的理由是：

个人即使等得及，时代是仓促的，已经在破坏中，还有更大的破坏要来。有一天我们的文明，不论是升华还是浮华，都要成为过去。如果我最常用的字是"荒凉"，那是因为思想背景里有这惘惘的威胁。（张爱玲《〈传奇〉再版的话》）

1944年9月，张爱玲的小说集《传奇》由上海《杂志》出版，共收录1943-1944年间发表的中短篇小说十篇，分别是：《沉香屑·第一炉香》《沉香屑·第二炉香》《茉莉香片》《心经》《花凋》《年轻的时候》《倾城之恋》《金锁记》《封锁》《琉璃瓦》，一共24万字。

《传奇》一经面世，便轰动上海文坛，出版仅仅四天便一销而空，接着一版再版。再版时，张爱玲加入一篇自写的《〈传奇〉再版的话》，这本小说集代表了她创作的最高成就。

纵观《传奇》整本小说集，作者以近乎冷漠的态度把一个个遥远的传奇故事搬到读者的面前，读者仿佛亲眼看见上海中上层阶级与抗战时期香港人的生活片段。通过这些故事，作者从两性关系角度、婚姻关系和亲情关系下手，揭示了家庭和爱情的丑陋，也揭示了那时西方现代文明和东方封建文化结合的畸形社会状态。因为张爱玲自身命运多舛、父母分离、受家庭不幸的影响，她所有的作品仿佛都在告诉别人，人与人之间没有真爱，只有一层脆薄的面纱，弹指可破。

她用荒凉的笔墨触及人性的底层，阴暗、潮湿、虚伪、无奈、冷漠，表现了20世纪40年代东西方文明交融碰撞中显示出的大众迷茫、失落和疯狂。小说中大段深刻的人物心理描述符合那个时候人们的心理，以致引起读者的共鸣。一时之间，可以说上海家家户户都买《传奇》，小说集《传奇》也造就了张爱玲自身的"传奇"。

随着《传奇》的出现，张爱玲富于传奇的一生走进大众视野：显赫的身世，破裂的家庭，淡漠的亲情，一心向往去伦敦大学读书，因战争而转到香港大学；毕业前夕，香港沦陷，还没毕业就回到上海，后来续学圣约翰大学，最终却又选择辍学。传奇的一生写就《传奇》，苍凉的人生使故事冷入骨髓，却让张爱玲站到了人生的顶峰。

《传奇》再版时，封面是炎樱设计的，张爱玲极喜欢再版的封面，曾一笔笔地临摹：

> 书再版的时候换了炎樱画的封面，像古绸缎上盘了深色云头，又像黑压压涌起了一个潮头，轻轻落下许多嘈切喊嚓的浪花。细看却是小的玉连环，有的三三两两勾搭住了，解不开；有的单独像月亮，自归圆了；有的两个在一起，只淡淡地挨着一点，却已经事过境迁——用宋代表书中人相互间的关系，也没有什么不可以。（张爱玲《〈传奇〉再版的话》）

看着自己的书如此受欢迎，快乐是抑制不住的。张爱玲对奇装异服的喜爱是大众所知的，《传奇》再版时，她穿着一贯的奇装异服去印刷厂里校稿样，印刷厂的所有工人都停下手头的活争着去看这个创造传奇的大红女作家。

张子静也曾说起过张爱玲奇装异服的事。他说姐姐的脾气喜欢特别，不管什么事都喜欢与众不同，像衣服就喜欢穿得古怪些。记得刚从香港回来时，有一次，姐姐穿了一件矮领子的布旗袍，几乎没有领子，只是在领口处打了个结，袖子只到肩部，长度到膝盖，最醒目的是大红底子上一朵一朵蓝色的大花。还有一次，她穿了一套前清老样子绣花的袄裤去参加婚宴，满座皆惊。

后来和张爱玲老死不相往来的上海女作家潘柳黛，也说起有关张爱玲穿奇装异服的事。有一天，张爱玲问潘柳黛，能不能找到她祖母的衣裳？潘柳黛听得摸不着头脑，问她要干吗？张爱玲说，你可以穿她的衣裳啊。潘柳黛说，我穿祖母的衣服不是像穿寿衣吗？张爱玲说，别致啊。

传奇还在继续，1945 年 1 月，张爱玲的散文集《流言》由中国科学公司出版，封面仍旧由炎樱设计。《流言》的出版也和《传奇》一样，一经出版就销售一空，接着是一版再版，一时之间，洛阳纸贵，街头巷尾谈论的都是张爱玲。

成功使人变得自信，在《〈传奇〉再版前言》里，张爱玲终于喊出心里话："啊，出名要趁早呀，来得太晚的话，快乐也不那么痛快。"为了体验更具体的痛快，她跑到街头的书摊前，装作读者拿起自己写的书问小摊老板："书这么贵，有人买吗？"因为这书赚了钱的老板看到有人这么问，赶紧搭话："好卖得很呢，如果你想买，得抓紧买，说不定等下就没有了。"张爱玲随意打开翻翻，心中得意，装着无事，摇摇头走了，嘀咕一句："不见得。"老板对着她的背影说："不识货的姑娘，你不要，后头有着大批买主呢。"

背对着报摊摊主的张爱玲，脸上的笑容简直要挂不住了，想起学生时代看到自己的文章发表在校刊上，忍不住拿着样刊一次次地看，那种喜悦犹记在心。而现在的她已经不会拿着自己的文章一次次看了，而是不断地催着自己——写，快写，不停地写。因而在上海沦陷时期，张爱玲如明月皎皎于上海的作家群体中，她的人生也有了翻天覆地的改变。

成名之后

　　自从《沉香屑》在《紫罗兰》期刊上刊登后，张爱玲几乎每月完成一篇小说，并且篇篇震动文坛，短时间内攀上文学高峰，红遍十里洋场。

　　成名后，张爱玲成了时代的宠儿。《杂志》编辑部在《传奇》销量节节高攀后，更是力捧张爱玲，连续举办了几场座谈会，讨论《传奇》的艺术价值及魅力，从文章结构、语言张力、再到老道的文笔等方方面面给予极度的夸奖。

　　《杂志》附属于《新中国报》，后台是日本驻沪领事馆，当时社长是袁殊，主编是鲁风，他们是中共地下情报人员，在那里上班是为了遮人耳目，便于掩护。

　　柯灵曾几次暗示张爱玲，少和一些背景不清不白的期刊往来，但张爱玲沉浸在突如其来的成功中，少了一份内心的平和。原本在公寓里埋头写作的她开始频繁地参与各种社交活动，很快认识了时下艺术圈中一些有名的人物，如苏青、潘柳黛、崔承喜等。

　　张爱玲的被发掘是苏青办《天地》月刊的时候，她投了一篇稿子给苏青。苏青一见此人文笔不错，于是便函约晤谈，从此变成了朋友，而且把她拉进文坛，大力推荐，以为得力的左右手。果然张爱玲也感恩知进，不负所望，迈进文坛以后，接连写了几篇文章，一时好评潮涌，所载有声，不久就大红大紫起来。（潘柳黛《记张爱玲》）

　　事实并非如潘柳黛所说，苏青在 1943 年 10 月才创刊散文小说月刊《天地》，张爱玲是五六月份在《紫罗兰》上发表两篇《沉香屑》后一夜成名的。潘柳黛当时也是上海有名的才女，曾和张爱玲走得很近，两人后来老死不相往来，是因为胡兰成说到张爱玲的贵族血统。潘柳黛认为张爱玲和李鸿章之间八竿子打不着一点儿亲戚关系，他们的关系就像太平洋里淹死一只鸡，喝黄浦江水的上海人说喝到了"鸡汤"。这件事惹恼了张爱玲，以致后来张爱玲在香港，有人和她谈起潘柳黛，张爱玲说，"潘柳黛是谁啊，我不认识"。
　　朋友是讲缘分的，两个不同性格的人交往，合得来是互补，合不来则是性格不合。张爱玲与苏青就是不同性格的人，一个大胆敢言、毫无忌惮，一个寡言少语、孤傲冷漠，两人却走得很近。张爱玲写《我看苏青》，苏青便写《我看张爱玲》，两人的情谊实实在在，就这样你来我往。

苏青办《天地》杂志时，张爱玲鼎力相助，《天地》杂志共刊出21期，张爱玲的文章占了18期。以张爱玲那时的阵势，上海许多杂志都在等着刊登她的文章，她却一直供稿给《天地》，为《天地》杂志的销量保证起到了一定的作用。如果不是两人私交好，不可能有如此频繁的合作。

大家都知道张爱玲和苏青的关系特别密切，说到苏青就会提到张爱玲，写到张爱玲便会提到苏青。懂得情势的《杂志》记者专门为她俩搞过一次对谈，地点就选在张爱玲的寓所。《杂志》记者把这次对谈内容整理后，刊登在1945年3月份的《杂志》上，题目是《苏青张爱玲对谈记——关于妇女、家庭、婚姻诸问题》。

当时苏青已经离婚，对婚姻有着深刻的体味，而张爱玲从小生活在父母的不和中，对家庭的看法超过一般人，两人同为自力更生的新女性，对妇女问题自然有着与众不同的看法。

人在不同阶段，会遇见不同的人。生性疏冷的张爱玲一生没有几个知交，苏青与炎樱是她生命中重要的两个友人。苏青于她是志同道合的文友，是事业上的左膀右臂；炎樱是她人生中最长期的挚友，从港大的相遇相知到两次结婚的证婚人，再到后来老年时在美国相见，不定时地出现在张爱玲的一生中。

张爱玲在上海文坛大红大紫时，炎樱始终陪在她身边，给她设计服装和书籍封面，还充当保护神。在一次文艺杂志举办的纳凉会上，主办方把"第一流的中国女作家与第一流的东亚女明星"拉到一起，一流的女作家当然是张爱玲，女明星是以一曲《夜来香》而声名大噪的李香兰。纳凉会上，许多人围着李香兰提问，李香兰俨然成了主角。张爱玲明显很不适合这种场合，当有人离开李香兰去提问她时，不懂如何应酬的张爱玲一时木讷。在一旁作陪的炎樱立即救场，一边用手做出摇开麦拉的架势，一边响亮地说："可以听得见她的脑头在轧轧转动。"旁人听到她调皮的话，都被她逗笑了，无形中化解了尴尬。

另一次是在《传奇》座谈会上，参会者对张爱玲的作品给予总体高评之余，说她的作品局部比整篇好，有单个句子更是出彩。"她的作品像一条流水，自然连贯，滔滔而来，是无法分割的。"炎樱赶紧替她申辩，话锋一转，又笑着说，"不过一般的读者总是习惯一勺一勺地吸收。"这话说得滴水不漏，既没有得罪其他人，更维护了张爱玲的作品。她说的话就是张爱玲想说的，自己却不便说出来，聪明的炎樱是她的知己，总是在她需要时及时伸手，帮她解围。

很多生活在上海的普通市民也认识了一夜成名的张爱玲。当她走在大街上，身后会跟来一群小女学生，不停地喊着"张爱玲！张爱玲！"，大一点儿的女孩子就回过头来打量她。有一次，一个外国绅士尾随其后，慌慌张张地叽喳着什么，显得很可怜，张爱玲差点掏零钱把他当叫花子打发，等弄明白后，才知道是想要她的签名。

以前，张爱玲和炎樱会在街上逛很长时间，随意找一个地方喝下午茶，可以在犹太人的小商品店里讨价还价，买了这家店的蛋糕去那家的咖啡店吃，随着成名，这种招摇过市的快乐消失了。

从前有许多疯狂的事现在都不便做了，譬如我们喜欢某一个店的栗子粉蛋糕，一个店的奶油松饼，另一家的咖啡，就不能买了糕和饼带到咖啡店去吃，因为要被认出，我们也不愿人家想着我们是太古怪或是这么小气地逃避捐税，所以至多只能吃着蛋糕，幻想着饼和咖啡；然后吃着饼，回忆到蛋糕，做着咖啡的梦；最后一面啜着咖啡，一面冥想着糕与饼。（炎樱《浪子与善女人》）

不会中文的炎樱也想当作家，用英文写下身边的趣事和随想，张爱玲帮着翻译。她那篇《浪子与善女人》就是张爱玲翻译后投稿到《杂志》期刊的，刊登在 1945 年 7 月那期；爱玲还帮她译过《死歌》《女装，女色》等几篇小文，分别发表在《天地》《苦竹》等杂志上。

炎樱的文中少不了要提到张爱玲，所有与张爱玲有关的读物都成为人们争相阅读的内容，那时的张爱玲真可谓是"倾国倾城"。

1944 年 1 月，那个喊着"成名要趁早，不然快乐来得也不痛快"的女作家张爱玲一夜爆红后，到处都是赞誉和奉迎声。站在上海文坛顶端的她开始在《万象》刊登长篇小说《连环套》。《连环套》的原型是炎樱在香港时和她说起过的麦唐纳太太。《连环套》素材新颖，但是语言和结构却如章回小说，沿用旧小说的腔调来写现代故事，整篇小说显得不伦不类。

《万象》是本开明的杂志。这年 5 月，《万象》在连载张爱玲的《连环套》时，同时刊登了一个笔名为迅雨的作者写的一篇题为《论张爱玲的小说》的文章，这篇文章犹如在平静的湖面上投下一枚炸弹。

在一个低气压的时代，水土特别不相宜的地方，谁也不

存什么幻想，期待文艺园地里有奇花异卉探出头来。然而天下比较重要一些的事故，往往在你冷不防的时候出现。史家或社会学家，会用逻辑来证明，偶发的事故实在是酝酿已久的结果。但没有这种分析头脑的大众，总觉得世界上真有魔术棒似的东西在指挥着，每件新事故都像从天而降，教人无论悲喜都有些措手不及。张爱玲女士的作品给予读者的第一个印象，便有这情形。（傅雷《论张爱玲的小说》）

这是《论张爱玲的小说》一文的开头，开篇就点明张爱玲作品当下的状况，犹如在魔术棒的指挥下"从天而降"，让人措手不及，一夜间家喻户晓。迅雨全文采用总——分——总的形式来评论张爱玲的文章，从这个开头再到分篇评论。

迅雨首先点评的是《金锁记》，文中肯定了这篇小说的结构、节奏、色彩在作品里的成就，然后又细分到评论心理分析。说到张爱玲的小说最大特点是文中有大量的心理分析，往往通过语言描写、动作描写、表情描写把一个人层层剥开，赤裸裸地呈现在读者面前。读她的作品时，文中的人物仿佛站在你面前，在向你讲述他们的故事。然后说到张爱玲节略法的写作技巧运用，在景物描写时时空交错忽沉忽浮、忽明忽暗，巧妙运用电影手法中的转调技术，让读者有一探究竟到底的欲望，欲罢不能。最后肯定了张爱玲色彩鲜明的独特风格，这也是张爱玲小说引起大家喜爱的重要部分，新旧文字的糅合与新旧意境的交错就像一幅水墨画，泼出去，守得住，恰到好处，这文字就像天造地设一般，再没有其他可以取代，只等作者把故事填进去，一切浑然天成，没有丝毫瑕疵。

毫无疑问，《金锁记》是张女士截至目前为止的最完满之作，颇有《狂人日记》中某些故事的风味。至少也该列为我们文坛最美的收获之一。没有《金锁记》，本文作者决不在下文把《连环套》批评得那么严厉，而且根本也不会写这篇文字。（傅雷《论张爱玲的小说》）

作者把张爱玲的作品与鲁迅的《狂人日记》相比较，还喊出这是"我们文坛最美的收获之一"，这是何等至高的评论。可是笔锋一转，到评论《倾城之恋》时，迅雨却认为这篇小说"勾勒不够深刻"，文中女主人公与男主人公的针锋相对也缺少人物的现实性，"两个主角的缺陷，也就是作品本身的缺陷"，在批评时采用了先抑后扬的说话技巧。

《论张爱玲的小说》一文的评论并没有到此为止，又总体评论了张爱玲的短篇小说与长篇小说，包括正在《万象》刊登的《连环套》。迅雨认为这部长篇小说最大的弊病是内容贫乏，已经刊登到第四期，居然还没有显露出中心思想，最后又一针见血地说出这部长篇小说的弊端是俗不可耐，连鸳鸯蝴蝶派和黑幕小说家都不用的陈词滥调居然都出现在这部小说中，断言《连环套》逃不过夭折的命运。

《万象》在1944年的第1期开始连载《连环套》，迅雨的这篇文章发表在《万象》的第5期。也就是说，迅雨写这篇文章时《连环套》才刊登4期，在一部长篇小说刚刚开始刊登时便遭到如此断言，实在不是一个好兆头，可惜不幸被言中，《连环套》在连续刊登6期后，7月份自动腰斩。

迅雨还说道，"心理观察，文字技巧，想象力"是张爱玲作品的最大优点，像她这样的天才自是聪明机智，非一般常人能及，诚恳指出"聪明机智成了习气，也是一块绊脚石"。

迅雨是通过《金锁记》发现张爱玲的写作天才，在其他作品中又感到她文章的不足，对她的未来担忧，直至看到《连环套》的粗制滥造、不伦不类才忍不住开口，写这篇文章的目的出于好心，希望张爱玲在写作上能有更大的成就。

一个人成功太快容易自我膨胀，如日中天的张爱玲哪里还能静下心来细辨迅雨的良苦用心。这篇文章不但没有引起正面的规劝效果，反而大大地刺激了张爱玲。她拿起笔写了篇题为《自己的文章》，发表在《新东方》第九卷上，予以回应迅雨的批评。

我发现弄文学的人向来是注重人生飞扬的一面，而忽视人生安稳的一面。其实，后者正是前者的底子。又如，他们多是注重人生的斗争，而忽略和谐的一面。其实，人是为了要求和谐的一面才斗争的。强调人生飞扬的一面，多少有点超人的气质……而人生安稳的一面则有着永恒的意味，虽然这种安稳常是不安全的，而且每隔多少时候就要破坏一次，但仍然是永恒的。（张爱玲《自己的文章》）

俗话说，"老婆是别人的好，文章是自己的好"。作品对于作家来说就像自己的孩子，从酝酿到下笔，到发表，再到发表后的大众评论，就像一个母亲从十月怀胎到分娩，到出生后被人评头品足是一样的。没有一个母亲不爱自己的孩子，哪怕孩子有非常明显的缺陷。张爱玲不卑不亢地说，自己无法写得更好，惭愧写得不到家，她愿意保留自己的风格，只要求写得更真实。

1976年，《连环套》被台北皇冠出版社收入《张看》文集中。为《张看》写自序时，张爱玲重新看了这篇腰斩的作品，才深切地体味到这篇小说通篇胡扯，真是恶劣之极。此时的张爱玲已经知道迅雨原是著名翻译家傅雷，那是她第二次去香港时，从宋琪夫妻口中得知的，这让张爱玲震惊，但也没说什么。

迅雨对张爱玲是爱之深，责之切。张爱玲虽然当初为自己辩解，但是在后期作品中，刻意淡化了自己极喜欢的文言风，这不能不说是迅雨这篇评论做出的贡献。

任何东西都有利有弊，张爱玲后期的作品偏于平和，失去了早期作品中犀利的文笔，苍凉的意境。或许，这和她的生活经历有关，与胡兰成那段短暂的婚姻后，她逐渐凋零，走向枯萎的——除了爱情，还有才情。

迅雨在文章的最后说："一位旅华数十年的外侨和我闲谈时说起：'奇迹在中国不算稀奇，可是都没有好下场。'但愿这句话永远都扯不到张爱玲女士身上！"此话是否一语成谶？

首先，《连环套》腰斩后，张爱玲和《万象》老板平襟亚发生了稿费纠纷。《万象》给《连环套》的稿费说好是一千元一集，平襟亚第一次给了她两千元，张爱玲说不能寅吃卯粮，退回平襟亚一千元。就为这一千元两人口诛笔伐、终结交情，《万象》再没有发表过她的文章。其次，无儿无女的张爱玲晚年过得并不幸福，漂洋过海后如浮萍般走完一生。

张爱玲的小说经典处在于"突然结尾处拔高视野"，而她最后没有拔高自己的人生，反而是趋于平淡，终于隐匿。

1945年，张爱玲的首部小说集《传奇》与首部散文集《流言》在上海一版再版成为文坛佳话时，1943年苏青的自传体小说《结婚十年》在《风雨谈》杂志连载后，也受到上海市民的追捧。连载完毕，苏青把《结婚十年》结集出版，竟然一连印了36版，与张爱玲的《传奇》《流言》一并成为上海出版业的奇迹。

在当时报刊业繁荣的上海滩，出现了冰心、白薇等一大批的"小姐作家"，最有名的要数张爱玲与苏青，这两个上海滩最风光的女作家成了好朋友。用苏青妹妹苏红的话来容易，两人好到"互换裤子穿"。

1944年3月，《杂志》社主持召开女作家座谈会，地址在《新中国报社》。作为上海滩当红的两位女作家——苏青与张爱玲当然在座。座谈会上，主持人问苏青："您认为哪一位上海女作家的作品最好？"

苏青并不男性化，女人有的弱点她都有，但是她是个敢于说实话的人。她当着所有女作家的面毫不掩饰自己对张爱玲的欣赏，说："在我看的作品中，女作家作品只有一个，那就是张爱玲。"主持人听了苏青的回答，转而问张爱玲："张小姐，那您最喜欢哪位女作家的作品？"

张爱玲说："古代的女作家中我最喜欢李清照，近代的女作家中冰心和丁玲的作品各有特色，却各有弱点。苏青的文章描写的是普通人家烟火生活中的特别情趣，是把最普通的生活写成动人的岁月，平凡的日子里有着'伟大的单纯'，这样俊洁的写作手法除了苏青，再拿不出第二人。"

两人间这样赤裸裸地互捧自然惹来其他女作家的不屑。散会后，其他女作家都没有理会她俩，各自散去。她俩照样谈笑风生，自有一种遇见知己的惺惺相惜。

张爱玲一生中没有几个亲近的人，一旦这个人出现在她身边，便对这人极为重视。就像在港大时，那个暑假炎樱独自回家，她便哀哀地痛哭，仿佛失去了贵重的东西。和苏青在一起时，她又把苏青当成这个时期最重要的人。

一次，苏青和潘柳黛提前打电话给张爱玲，约定去爱丁堡公寓看她。等她俩过去，看到开门的张爱玲穿着一件柠檬色的袒胸露臂的晚礼服，手上戴着手镯，脖子上挂着项链，头上戴着珠翠，还浑身香气袭人，一看就是经过盛装打扮。

苏青与潘柳黛看到张爱玲如此隆重的打扮，以为她临时有事要出去。两人对视一眼后，苏青对张爱玲说："如果你有事要出去，我俩改日再来。"张爱玲说："我不出门，我等朋友来家里喝茶。"她俩又说："如果我们在不方便的话，那我们先走。"张爱玲施施然地说："我的朋友已经来了，就是你们两位啊。"这时苏青和潘柳黛才醒悟过来，她盛装迎接的原来是她俩，反而弄得她俩浑身不自在了。

都说女为悦己者容。虽然张爱玲朋友不多，但对每个时期交往的朋友总是掏心掏肺。因为在她身边停留的人不多，所以特别珍惜。她把苏青比喻成"一个红泥小火炉，有独立的火，有看得见的火焰"，还能听到灯芯结球后"噼里啪啦"的爆炸声，一个可以给人取暖的人。

所以我同苏青谈话，到后来常常有点恋恋不舍的。为什么这样，以前我一直不明白。她可是要抱怨："你是一句爽气话也没有的！甚至于我说出话来你都不一定立刻听得懂。"那一半是因为方言的关系，但我也实在是迟钝。我抱歉地笑着说："我是这样的一个人，有什么办法呢？可是你知道，只要有多一点的时间，随便你说什么我都能够懂得的。"她说：

"是的。我知道……你能够完全懂得的。不过，女朋友至多只能够懂得，要是男朋友能够安慰。"（张爱玲《我看苏青》）

好朋友间可以随便说话，可以随便走动。写作之余，张爱玲常去看苏青，穿着时髦的服饰行走在斜桥弄上，引得整条街上的人都探头看她，一大群孩子追赶着、尖叫着、拥挤着，跟在她后面看热闹，而她顾自优雅地走过。临到苏青家门口，站在门口迎接她的苏青早已笑得护着肚子在喊"痛"了。

1943年10月，苏青在上海爱多亚路160号106室创设了天地出版社，发行杂志《天地》，一人集社长、主编、发行于一体。创刊号时，她向张爱玲约稿，半开玩笑半当真地说，"叨在同性份上"，看着这么调皮的约稿函，张爱玲哪有不给稿之理。张爱玲手头刚好有完成的小说《封锁》，就给了苏青。11月份，小说《封锁》发表在《天地》月刊第2期上。

张爱玲的支持对苏青来说犹如如虎添翼，《天地》杂志的销量有了保障，两人的关系更亲近了。张爱玲与胡兰成的相识，就是因为看了《封锁》后折服于张爱玲的才华，去苏青那里要了她的地址才得以认识。

苏青与胡兰成是早已认识的。胡兰成形容苏青"鼻子是鼻子，嘴是嘴，无可批评的鹅蛋脸，俊眼修眉，有一种男孩的俊俏——在没有罩子的台灯的生冷的光里，侧面暗着一半，她的美得到一种新的圆熟与完成"。这时苏青早已离婚，传闻和胡兰成有着地下情，而此时的张爱玲只有二十出头，没有恋爱经验，对这些反应自是比较迟钝。

张爱玲与胡兰成交往后，胡兰成还常去看望苏青。有一次，张爱玲去苏青家，碰巧胡兰成也在，顿时脸色很不好看，早早地辞了出来。胡兰成也跟了出来，张爱玲对他说："我看你去看她，比看我还勤快。"女人的心如针眼般大，遇到男人就更小气，两个曾经好到"互换裤子穿"的朋友，因为一个男人渐行渐远。

苏青后来写了一部《续结婚十年》的纪实小说，和她交往过的人几乎都可以在里面找到相应的人，唯独没有张爱玲的影子；同样，多年后张爱玲写的《小团圆》，大家一致认为是她的自传体小说，书中也没有找到相似苏青的人。

抗日战争结束后，中国经历了翻天覆地的变化，爱穿旗袍的张爱玲选择漂洋过海，把自己的前半生留给这方出生成长的地方。而苏青脱下旗袍，剪去长发，改穿女式人民装，融入新时代的气息中，这个曾经轰动上海滩的文坛才女不再有民国的气质。

一代文史大家金性尧在《忆苏青》一文中写到他最后一次见到苏青时的场景：她穿着女式的人民装行走在街上，隐没在人群中，让你无法一眼辨认出来。金先生遗憾地认为：

即使20世纪50年代的上海只有一人穿旗袍，那也应该是苏青，因为她和张爱玲曾经那样亲密过。

时间穿过季节的风，草长了，花开了，当下的事变成了往事，曾经的友人归还了人海。风从哪里来，无人知晓；风到哪里去，更无人知晓。

第四卷
花开尘埃铅华落

遇见你，我变得很低很低，一直低到尘埃里去，但我的心是欢喜的。并且在那里开出一朵花来。

兰成往事

《倾城之恋》是张爱玲写的一篇小说，而"张迷"们都知道，张爱玲本身有过一段倾城之恋，这段恋情虽然维持时间不长，却是刻骨铭心。关于爱情，张爱玲有过很多经典名句，其中有一句是"一段感情能给你带来多大痛苦，就曾给你带来过多大快乐……"，这段感情来自一个叫胡兰成的男人。

胡兰成，中国现代作家，原名胡积蕊，小名蕊生，1906年2月28日出生于浙江省绍兴市嵊县下北乡（今嵊州市三界镇）一个叫胡村（叠石村）的小山村中，村里大部分人姓胡。在胡兰成印象里，父母恩爱，相敬如宾，尽管家境不富裕，因为家庭和睦，童年时期过得无忧无虑。

清末民初，江浙一带民风淳朴，这里的女子都很正经，很少有男盗女娼的绯闻。受小时候环境的影响，胡兰成虽然朝秦暮楚感情不一，却喜欢正经女子。他在自传体散文集《今生今世》里写了与八个女人的情感纠葛，用墨最多的词就是"正经"。

距胡村四十里外有个姓俞的财主，家有一妻一妾，却没生一儿半女。在胡兰成亲戚的引介下，俞财主来到胡兰成家，当他看到长得眉清目秀的胡兰成时，当即表态要收他做过房儿子。那一年，12岁的胡兰成成了俞财主的过房儿子。

到俞家生活后，清清秀秀的胡兰成很讨庶母的喜欢，对他疼爱有加。有人疼爱，在人生地不熟的俞家胡兰成也不甚思念亲娘，倒是后来回到胡村反而常想起庶母，包括去杭州求学前夕，在整理床铺时想到的也是庶母。

庶母长得挺漂亮，腰肢纤细，瓜子脸上一双盈盈顾盼的丹凤眼。她在年轻时被人拐骗，后被一卖再卖，直至卖到俞家成了俞财主的小妾，生活才算安顿下来。胡兰成后来给张爱玲讲过庶母的身世。张爱玲写的散文《爱》里的女子原型就是这位庶母，开篇第一句就是"这是真的"，说明了人物故事的真实性。

《爱》是一篇只有300多字的小散文，文中这个穿着月白衫子的女子在一个春天的晚上，手扶着桃树，立在后门口，遇见住在对门的年轻男子从她身旁走过，和她打招呼："噢，你也在这里吗？"然后两人都没说话，各自走开。这个女子后来被亲戚卖到他乡外县去作妾，又几次三番地被转卖，"经过无数的惊险的风波，老了的时候她还记得从前那一回事，常常说起，在那春天的晚上，在后门口的桃树下，那年轻人"。

胡兰成15岁时俞财主过世，庶母与他的关系尚好，不但拿钱给他做学费，而且还拿出不少的聘金催促胡兰成的生父给他定亲。胡兰成定亲后，她知道自己没有机会再疼爱这个男人，脸色就一天比一天难看，最后终于当着胡兰成夫妻的面说以后不必再来往。

胡母选中的媳妇叫唐玉凤，没有读过书，娘家在离胡村五十里外的唐溪。胡兰成的母亲是个开明的女人，认为在文明婚姻兴起的时候男女双方要自己看中才行。那年暑假，她叫回在杭州读书的胡兰成，由他大哥作陪去唐溪看母亲相中的女人。

来到唐溪，胡兰成在唐玉凤家的后院隔着十几丈远远看了她一眼，没有看清容貌。可是他认为夫妻是缘分，既然母亲已相中，自己就不再做其他选择。

这样一瞥就当男女都看过了，各自没提异议，双方家长认为他们彼此相中了，开始操办婚事。1925年10月，胡家热热闹闹地把玉凤娶进家门。中国人认为人生有四喜：久旱逢甘雨，他乡遇故知，洞房花烛夜，金榜题名时。人们总认为婚礼在一个人一生中是很重要的仪式，不可以模仿或者有第二次。这时的胡兰成还是一个单纯的农村少年，新婚之夜，他与唐月凤各睡一头，躺下后马上睡着了，整夜连梦都没做。

结婚后，胡兰成在胡村小学教书，那是一段岁月静安的时光。玉凤去村外的溪里洗衣服时，胡兰成也跟着去，当捣洗衣服的棒槌不小心被水冲走，胡兰成赶紧跳到水里，追回棒槌，递给玉凤。在风景旖旎的江南水乡，溪水潺潺，阳光柔和，年轻的小夫妻一个洗衣一个陪着聊天，这样的生活就像陶渊明描绘的世外桃源。

1926 年 3 月，胡兰成离开胡村，去杭州邮政局上班；9月，又去燕京大学副校长室做文员，并成为燕京大学旁听生。在北京的这段时光，胡兰成还没明确的人生目标，待了一年，又回到胡村，此时长子启儿已满周岁。

1928 年夏天，胡兰成游玩宁波奉化雪窦寺后，去南京寻找工作未果，又回到绍兴，住在诸暨同学斯颂德家里。斯颂德在外上学，妹妹斯雅珊在家，在斯家无所事事的胡兰成便与斯雅珊有了较多的交谈机会。

面对年轻的斯雅珊，有妻室的胡兰成竟然感觉遇到了知己，日久生情，彼此产生了好感。天真烂漫的斯雅珊面对俊朗有文化又懂得说话的胡兰成毫无招架之力，以为遇见了真爱。尽管两人极力隐瞒，还是被斯太太发现了其中猫腻。斯太太写信给儿子说明情况，斯颂德写信给胡兰成，让他搬离斯家。

胡兰成只得回到胡村，情绪低落地过了半年。他已经不安于日出而作、日落而息的农耕生活，在农村没有经济来源的状况下又厚着脸皮回到斯家。这次再到斯家，自然与斯雅珊保持了一定的距离。此时，刚好他表哥做了杭州中山英文学校的校长，请他去做教师，胡兰成才离开斯家。

1931年暑假，唐玉凤大病，胡兰成回到胡村居家照顾。玉凤自知一病不起，对胡兰成说："你平时待我挺好。只是有一次，你说自和我结婚后就没有称心过，这话磋得我心窝痛。"

我年轻时的想头与行事，诸般可笑可恶。我不满意玉凤，因她没有进过学校，彼时正是五四运动的风气，女学生白衫黑裙，完全新派，玉凤不能比。她又不能烟视媚行，像旧戏里的小姐或俏丫鬟，她是绣花也不精，唱歌也不会。我小时团头团脑，因此喜欢女子尖脸，玉凤偏生得像敦煌壁画里的唐朝妇女，福笃笃相。逢我生气了，她又只会愣住，不晓得说好话，我就发恨，几次说重话伤她的心。（胡兰成《今生今世》）

胡兰成认为这只是吵架时的气话，很多年后，他与多位女人产生情感纠葛，让他想也想不完的却只有玉凤的事。因为没钱给玉凤治病，胡兰成厚着脸皮去俞家问庶母借钱，当初疼爱他的庶母却不愿借钱给他。胡兰成又赶去绍兴朋友家借钱，半路上突然下起瓢泼大雨，淋得落汤鸡似的他半途而回。

1932年6月28日（阴历五月二十五）玉凤去世。胡兰成尚在绍兴的返程中，是路上遇见的熟人告诉他玉凤的死讯。他匆匆赶到家里，妻子的尸体已被安置在灵堂。看着她的脸，他去被底下牵她的手，对她说："玉凤，我回来了。"可是那个初见时穿着青布衫裤的女子已然去了另一个世界，再也听不到他说的话。这一刻，他心痛如绞，才知自己对这个女子的珍爱。

我对于怎样天崩地裂的灾难，与人世的割恩断爱，要我流一滴眼泪，总也不能了。我把幼年时的啼哭，都已还给了母亲，成年的号泣，都已还给了玉凤，此心已回到了如天地之仁！（胡兰成《今生今世》）

1932 年下半年，经人介绍，胡兰成去广西谋生，先后在广西省一中、百色第五中学任职。玉凤去世后，他认为有没有爱情无所谓，但老婆好歹要再找一个。第五中学的同事将一个叫全慧文的女人介绍给他。全慧文的性格脾气和玉凤相似，两人一见面，胡兰成就定了下来。

在广西一待近 5 年，直到 1937 年 2 月，胡兰成才带着妻儿重回胡村。回程路上，经过上海时，胡兰成专程去拜访了在广西一中时认识的在《中华日报》任职的老同事。回到老家后，胡兰成写了两篇稿子投给《中华日报》，一篇是论中国手工业，另一篇是分析该年关税数字。《中华日报》看了稿子，很欣赏他的文采，不但刊登了两篇文章，而且还写信邀请他去上海做《中华日报》的主编。3 月，胡兰成来到上海。

他推辞了《中华日报》主编一职，担任了副主编。

第二年，胡兰成改任《南华日报》的主编，前去香港任职，开始用"流沙"的笔名撰写社论。1939 年 7 月，胡兰成举家迁往上海，在《中华日报》担任总主笔以及社论委员会委员。胡兰成开始奋笔疾书，到年底，已发表了上百篇社会评论。他把这些评论结集成书，书名为《战难和亦不易》。

社会评论就是对社会生活中的现象、问题进行评断和议论，对真善美的事情进行歌颂和发扬，对伪丑恶的事情进行揭露和鞭挞，从而促进社会的文明进步。社会评论的四大特点是：针对性、时效性、单一性、大众性。所以社会评论作者本身的思想观、人生观、价值观非常重要。

20 世纪 40 年代前后，是全民族抗战的时期。胡兰成的社会评论主张民众放弃抗日，并建议中国主动选择与日本和谈。这一观点引起一些居心叵测之人的关注，1940 年 1 月，他转任上海《国民新闻》报社长。在他人的带引下，胡兰成有了与日本人交往的机会，并开始单独接触日本政界和军界。

他的行为动了某些人的奶酪，1943 年底，被捕入狱。苏青知道胡兰成被抓后，想找熟人捞人。考虑到张爱玲是上海最红的女作家，说不定人家肯买她面子，于是苏青找到张爱玲，和她说有个朋友因为文字入狱，邀请她一起去熟人家。想到是同道中人，张爱玲便答应一起去。

上海滩两大才女的面子果然够大，没过多久，胡兰成被放了出来。出狱后，他去南京养病。养病期间，胡兰成收到苏青寄给他的《天地》杂志，当看到小说《封锁》时，才看了一二节，只觉得满口生津，不自觉地坐直身体，细细地读了一遍又一遍。

胡兰成看到文字背后孤独而又张扬的灵魂有着无法言说的荒凉。看完小说再看署名，一个陌生的名字——张爱玲，这个名字搁在了他心里，再也放不下。

年底，胡兰成再次收到苏青寄给他的《天地》杂志，杂志上刊登着张爱玲的《金锁记》，还配有她的照片，照片上的女子纤细清爽、气质超群。他迫不及待地给苏青写信，对张爱玲的才能大大地称赞了一番，并说自己想认识她。

从南京回到上海，胡兰成当即去找苏青，向她了解这位叫张爱玲的女作家。苏青说起张爱玲曾和自己一起去为他求情之事。想到自己赏识的女子还曾帮助过自己，胡兰成更有一种一睹为快的念头，向苏青索要张爱玲的地址。

苏青说："张爱玲轻易不见人，给你地址也没用。"胡兰成说："既然她曾帮过我的忙，我去看看自己的恩人应该不为过，你把地址给我吧。"苏青一千个一万个不愿意，但是经不住胡兰成的百般纠缠，最后还是把张爱玲的地址给了他——静安寺路赫德路口爱丁堡公寓6楼65室。

　　次日一早，胡兰成拿着苏青给的地址找到张爱玲的住所，敲响门后，自报家门，说是看了她的小说，很想见见作者本人。张爱玲以为他是普通读者中的一员，隔着门对他说："张爱玲小姐不在家。"

　　吃了闭门羹，胡兰成不死心，从身上掏出纸和笔，阐明拜访原因，并附言希望见她一面，末尾写着他的家庭住址和联系电话。他把纸条塞进门缝，然后转身离开。

　　看着从门缝里塞进来的纸条，张爱玲起身走到门边，捡起纸条，看到上面"胡兰成"三字似曾相识。她认认真真地在记忆库里搜索一番，猛然想起，苏青说的那个因为写文抨击时政而被关进监狱的人好像就是这个名字。

　　苏青曾说过，他是个才子，做过几家报刊的主编。这一刻，张爱玲竟然对陌生的胡兰成产生了好奇：这是个什么样的人，值得苏青出面为他求情，自己并没帮上忙，为什么要上门道谢？

　　那天晚上，张爱玲失眠了。睡不着的她干脆起床，站在窗前，看着电车厂里的电车点着雪亮的灯，排着队，"克林，克赖，克赖，克赖"愉快地欢叫着，一辆接一辆驶回车厂，就像回家等着上床的孩子疲乏而又驯服。

　　大家都认为电车是没有灵魂的，可是张爱玲固执地认为它有灵魂。电车都回了，喧嚣的电车厂安静下来，她看到有"一辆电车停在街心，在半夜的月光中袒露着白肚皮"，仿佛被遗弃了一般。

1943 年的一个冬夜，冷漠孤傲的张爱玲为了一个被自己拒见的男人而失眠，这实在是一件莫名其妙的事，可是很多事情的发生，是没有道理可讲的。

于千万人之中，遇见你要遇见的人。于千万年之中，时间的无涯的荒野里，没有早一步，也没有晚一步，刚巧赶上了，那也没有别的话可说，惟有轻轻地问一声："噢，你也在这里？"（张爱玲《爱》）

张爱玲与胡兰成一个是上海滩最红的女作家，一个是擅长写社会评论的文化人，在滚滚红尘中相遇了，没有早一步，也没有晚一步，一场倾城之恋即将拉开帷幕。

无所谓因，无所谓果，冥冥中一切都已安排，理不清的是情，逃不过的是劫。

一
见
钟
情

　　小说《封锁》开头给人生出一点希望，觉得人生尚还有趣，转眼希望就像被捅破的肥皂泡只留下苍凉的念想。故事中悲凉的情感世界引起了胡兰成的共鸣，让他心海起波澜，迫切地想要走近作者，认识她、了解她，并窥探她的内心世界，不料却吃了个闭门羹。

　　青春年华，我们心底都曾设想过一个理想的伴侣，可是爱的形式与分量不是我们能够设想的，遇上什么样的男人，便会有什么样的爱情。张爱玲在认识胡兰成之前，一直孤单地生活着，站在人群之外，冷漠地打量着这个世界。遇见胡兰成后，她想靠近他。

　　1944 年的 2 月 4 日，一个平常的午后，胡兰成接到一个陌生电话，打电话的人居然是张爱玲，说要去看他。胡兰成怔怔地拿着话筒，老半天不敢相信自己的耳朵，昨天拒见自己的人这会却主动要来，这变化转得比三月的天还快。

胡兰成住在上海的大西路美丽园，与张爱玲的住处不远。没多久，家里的门铃响了，胡兰成赶紧小跑过去开门。打开门，胡兰成看到门外站着一个高高瘦瘦的女子，穿着颜色鲜艳的服饰，知道前面的人必是张爱玲，连忙把她让进屋里，在客厅里坐下。

我一见张爱玲的人，只觉与我所想的全不对。她进来客厅里，似乎她的人太大，坐在那里，又幼稚可怜相，待说她是个女学生，又连女学生的成熟亦没有。我甚至怕她生活贫寒，心里想战时文化人原来苦，但她又不能使我当她是个作家。（胡兰成《今生今世》）

张爱玲对胡兰成的初见刚好与胡兰成相反。张爱玲看到给自己开门的男子瘦长又白皙，一副温文尔雅的书生气，有一种被惊艳的感觉。见过世面的胡兰成，面对当红才女张爱玲，一时竟也不知如何摆放自己的位置：张爱玲在上海文坛独占鳌头，又穿着极时髦的服饰，自己简陋的客厅不配迎接这样的贵客；可是她的神情又像一个想着心事独自走在放学回家路上的小学生，有同学叫她，都没有搭理。

为了缓解尴尬气氛，胡兰成首先挑起话题，问张爱玲的写稿收入、生活状况，然后又说她的文章好在哪里。聊着聊着，胡兰成竟然向张爱玲说起自己的经历，从老家胡村一直说到杭州、上海、南京、广西等，张爱玲除了偶尔端起茶杯喝口水，一直静静地听着。

最后一缕阳光慢慢移出墙角，屋子里渐渐暗下来。胡兰成抬头看看挂在墙上的壁钟，发现已经五点多了，这一聊居然聊了五个多小时。张爱玲也很惊讶，仿佛这个下午是一下子蹿过去的，赶紧站起来告辞。

胡兰成送她到弄堂口，身材高挑的张爱玲几乎和自己并肩而行，脱口而出："你长这么高，这怎么可以？"这话已然把两人放在是否般配的角度比较了。原本是一句唐突的话，爱玲听了也不感到诧异，两人的距离反而被一下子拉近了。

暮色中，爱玲坐上黄包车，与胡兰成挥手道别。胡兰成看着消失在暮色中的她，原本以为很懂惊艳的自己遇到爱玲却糊涂起来，"艳亦不是那艳法，惊亦不是那惊法"。

黄包车上的张爱玲，此刻眼前浮现的全是胡兰成。这个年近四十的男子干净清爽，白皙斯文，看起来没有实际年龄那么大，深邃的目光里藏着的东西是爱玲从没遇见过的。这个有故事的男人吸引了她，就像她故事里的男主人公深深地吸引着女主人公，而爱玲笔下的每一段感情都是苍凉和悲伤的。

第二天，胡兰成回访张爱玲。初次进入张爱玲房间的一幕，多年以后他依旧记忆犹新：

> 她房里竟是华贵到使我不安，那陈设与家具原简单，亦不见得很值钱，但竟是无价的，一种现代的新鲜明亮断乎是带刺激性。阳台外是全上海在天际云影日色里，底下电车当当的来去。张爱玲今天穿宝蓝绸袄裤，戴了嫩黄边框的眼镜，越显得脸儿像月亮。三国时东京最繁华，刘备到孙夫人房里竟然胆怯，张爱玲房里亦像这样的有兵气。（胡兰成《今生今世》）

这次见面还是与昨天一样，胡兰成评论起时下流行的作品，又说起自己的生平，爱玲还是静静地听着，一坐又坐了很久。

回家后，胡兰成给张爱玲写了一封信，风格犹如"五四时代"的新诗。张爱玲给胡兰成回了信，让他记忆最深刻的一句是"因为懂得，所以慈悲"。胡兰成从信中看出张爱玲并不讨厌自己，隔天就又去了她的住处。去了三四次后，心猿意马的张爱玲给他送去一张纸条，让他不要再去看自己。

胡兰成想想自己没有在什么地方得罪她，当天照旧去了。爱玲见了他，也没有恼他，反而很欢喜。于是，胡兰成索性天天去看她。有一次，胡兰成说起在《天地》杂志上看到她的照片，外表是那样惊艳，气质又如此与众不同。张爱玲想，既然你喜欢，那就送给你吧。她从抽屉里找到那张照片，在背面写下一行字："见了他，她变得很低很低，低到尘埃里，但她心里是欢喜的，从尘埃里开出花来。"

胡兰成要回南京了，张爱玲亦要开始写作，两人暂作小别。回到南京后，胡兰成收到张爱玲的信，竟然犹如石头般沉重。倒不是有多相思，而是张爱玲在信上说："你回到南京，我竟伤感了。"看到她的信，让他有了天长地久的愿望，而他有家室。

一个月里，胡兰成大部分时间待在南京，有八九天住上海。每次回上海，胡兰成总是先去看爱玲，踏进她房门时说"我回来了"，爱玲就欢喜地站起来，脸上的喜悦就像孩子看到远行的父母回家。

两人住处比较近，有时候胡兰成回家，爱玲送他，两人并肩走在静安寺路上，送到胡兰成家附近，胡兰成又送爱玲，兜兜转转好几回。窄窄的道路两边是高大的法国梧桐，他们看着叶子凋零，又看着新芽冒出，这条路见证了他们的爱情。

女人一旦爱上一个男人，如赐予女人的一杯毒酒，心甘情愿地以一种最美的姿势一饮而尽，一切的心都交了出去，生死度外！（张爱玲《半生缘》）

爱情于女人如一杯毒酒，胡兰成便是张爱玲的毒酒。即使高贵如她，孤傲如她，因为爱情，她变得很低很低，一直低到尘埃里。

倾城之恋

　　所有的相见都是久别重逢，张爱玲与胡兰成的遇见恍如在失散的尘世间再次相遇。胡兰成在上海的日子，两人便在张爱玲的房间里说着话，怎么说都说不完，真是"桐花万里路，连朝语不息"。

　　想到别人说学生时代是最幸福的，胡兰成便问张爱玲，张爱玲却说不喜欢读书时期；想到父母是每个人最亲近的人，胡兰成便和她说父母，她说不喜欢自己的父母，喜欢一个人住在外面；听说她八九岁开始学钢琴，胡兰成就和她谈钢琴，她却说讨厌钢琴；胡兰成夸她的房间布置很特别，她说是母亲出国前布置的，如果是她就会选择鲜艳的颜色……

　　在胡兰成面前，张爱玲像孩子一样，喜欢偷偷在房门外看他，然后写进文字里；喜欢摸着他的眉毛、眼睛、嘴巴，说她都喜欢；喜欢在众人面前看看他，却又偏偏要妒忌，在炎樱面前除外；说姓胡好，张没有颜色气味，亦不算坏；胡兰成没有当面叫过她的名字，要他叫给她听，当他叫出"爱玲"时，两人却都显得尴尬……

张爱玲把自己收藏的东西一件件拿出来给胡兰成看，有小时候写的钉成两个本子的《摩登红楼梦》；有祖母留下来的镯子，有李鸿章出西洋时买的金蝉金象，当时送给女儿的；还有她母亲出国时给她买的礼物……

初识的日子里，爱玲在胡兰成眼里也是诸般的好。两人逛街时，胡兰成看到爱玲穿着桃红的旗袍，便说"好看，能闻到春天的气息"；看着她穿着鞋头绣有双凤的绣花鞋，说"一切都变得那温柔"，爱玲知道他喜欢，每次他从南京回来，总穿着这双鞋；有一次，胡兰成想形容张爱玲行、坐、走路等姿势，一时想不出合适的词语，爱玲用了"淹然百媚"；有一个晚上，两人对着灯光看着彼此的脸，张爱玲的脸在胡兰成眼里如一朵盛开的花，又如一轮满月……

1944 年 6 月，胡兰成写了一篇《评张爱玲》的文章，发表在《杂志》5 月和 6 月上，通篇都是赞美之词。原本擅长写评论文的他这篇文章写得情意绵绵，把张爱玲的文章形容成"横看成岭侧成峰"。

张爱玲先生的散文与小说，如果拿颜色来比方，则其明亮的一面是银紫色的，其阴暗的一面是月下的青灰色。是这样一种青春的美，读她的作品，如同在一架钢琴上行走，每一步都发出音乐。但她创造了生之和谐，而仍然不能满足于这和谐。她的心喜悦而烦恼，仿佛是一只鸽子时时要想冲破这美丽的山川，飞到无际的天空，那辽远的、辽远的去处，或者坠落到海水的极深去处，而在那里诉说她的秘密。（胡兰成《评张爱玲》）

此时，胡兰成第二任妻子全慧文早已因病去世，身边换成了一个叫应英娣的女人。应英娣看到这篇《评张爱玲》的文章后，品出了胡兰成对张爱玲的情谊，主动向胡兰成提出离婚。

1944年8月，胡兰成和应英娣离婚。在炎樱的见证下，胡兰成和张爱玲结婚了。此时，胡兰成已与一群日本政界扯上了关系，被人贴上了"汉奸"的标签。胡兰成知道自己的身份很尴尬，结婚时没有走法律程序，而是以纸为媒：张爱玲在纸上写下"胡兰成与张爱玲签订终身，结为夫妇"，胡兰成在后面加上"愿使岁月静好，现世安稳"，旁边注明"结婚见证人炎樱"。

没叫亲戚，没摆酒席，乱世中，相识不到一年的张爱玲和胡兰成走进婚姻，时年张爱玲二十四岁，胡兰成三十八岁，两人相差十四岁。童年不幸福的张爱玲与父亲不亲近，但是骨子里有着深深的恋父情结，情窦初开的她怎能躲过一个情场老手的魔掌呢？

张爱玲理想的婚姻生活是这样的：和自己爱着的和深爱着自己的男人生活在一方小小的天地里，你眼里只有我，我眼里只有你；我是你的药，你是我的药；在因缘际会的时候，珍惜美好的时光……

一个傍晚，两人在张爱玲家阳台上远眺暮色，看着天边的云彩渐渐淡下去，天色逐渐暗下来。当时日本军队也已经日薄西山，胡兰成沉重地对张爱玲说："现在这局势对我很不利，恐怕有难了。"

天生对文字特别敏感的张爱玲对政治却不敏感，可是从胡兰成的神色中感受到了前途的凶险。胡兰成恐张爱玲为自己担忧，说："如果将来日本战败，我可能还不至于有性命之忧，不过要隐姓埋名一段日子，只是遗憾这些日子不能和你在一起。"张爱玲听了，开玩笑似地说："那时你就改姓张，名字就叫张牵或张招，天涯海角我都招着你、牵着你。"

时间是个常数，也是个变数。你不希望它过去时，偏偏如白驹过隙般飞逝了；当你等着长大时，却像老牛拉慢犁越显漫长。相守的快乐转瞬即逝，11月份，胡兰成要去湖北汉阳接编

《大楚报》。离别的那日，张爱玲目送胡兰成远去，他的背影仿佛带走了所有的光亮，而大步朝前走的胡兰成没有回头。

也许每一个男子全都有过这样的两个女人，至少两个。娶了红玫瑰，久而久之，红的变了墙上的一抹蚊子血，白的还是"床前明月光"；娶了白玫瑰，白的便是衣服上的一粒饭粘子，红的却是心口上的一颗朱砂痣。（张爱玲《红玫瑰与白玫瑰》）

此时的张爱玲还是胡兰成心口上的那颗朱砂痣，还是窗前的那缕明月光。可是对于一个习惯见异思迁的男人来说，没有人知道，什么时候朱砂痣变成了蚊子血，什么时候明月光变成了饭粘子。

岁月静好，现世安稳。诺言和誓言都是有口无心，明天，又有谁能知道。

胡兰成一离开上海，张爱玲就开始屈指算归期。没过多久，却得到胡兰成与一位姓周的护士结了婚的消息，她整个人都懵了。她还来不及做出决定，时势又发生了意想不到的改变。

1945年8月15日，日本侵略者宣布无条件投降。9月，胡兰成开始逃亡生涯。他先去南京，后返回上海，最后又去了诸暨斯家。斯老太太依然健在，还是她维持全家生计，和他相爱过的斯小姐已经出嫁。这么些年过去了，斯老太太并没记仇，还是热情地接待了他。

斯老太太了解他目前的困境后，考虑到他以前来这里住过，许多人知道他底细，万一有人告密就麻烦了。斯家有位从温州嫁过来的庶母叫范秀美，比胡兰成大两岁，斯老太太建议胡兰成先去范秀美娘家躲避一段日子，安排范秀美作陪。

范秀美的经历和胡兰成庶母的经历很相似，都是被人几次拐卖后，最后做了人家的小妾，年纪轻轻又成了寡妇。范秀美性格温柔恬静，在绍兴去温州的路上对胡兰成贴心照顾，让胡兰成很是感动。

胡兰成原本是多情之人，范秀美对他的温柔和理解是在别处没有得到过的，甚感珍贵，未到温州，两人在路上便生出一段感情来。到范秀美娘家后，怕邻居猜疑，两人干脆以夫妻相称。

到温州后，胡兰成化名为张嘉仪，称自己是张佩纶的后人，想利用张家名门望族的身份掩盖自己。不久前，张爱玲曾和他开过玩笑，"你可以姓我的张，叫张牵或张招，天涯海角我都招着你、牵着你。"他果然改姓张，可终究没用"张招"或"张牵"为名。他是一个只有眼前的人，离开一个人，离开一个地方，就不会再有牵挂。

自从大半年前听胡兰成向自己说起过小周的事，张爱玲便如鱼刺鲠喉，咽不下，吐不掉。与胡兰成别后半年，想到结婚时他许诺给自己的"岁月静好，现世安稳"，张爱玲很想见见他，问问他在小周和自己间会如何选择。

1946 年 2 月，张爱玲从上海启程，匆匆赶往诸暨斯家，结果扑了个空。她顺着胡兰成走过的路，一路从诸暨追到温州。

等船靠近温州城时，想到胡兰成就在城里，温州城在她眼里就像含有珠宝在放光。在一路询问下，风尘仆仆的张爱玲在一间土房里见到了胡兰成。看到突然出现的张爱玲，胡兰成心里除了惊愕，无喜，更无感动。

胡兰成已与范秀美以夫妻之名住在一起，关系特殊的三人见面自是尴尬。为了躲避邻居的猜疑，胡兰成把张爱玲安排到一间旅馆里，又怕有人查夜，自己不敢留宿，只有白天才敢去陪她。

大部分时间是张爱玲一个人待在旅馆里。有一次，胡兰成带她去街上，沿街有个纺织工场，从窗口传出"哐哐、咔咔"的织布声。他俩站在窗前探望，看到一个胸前配着一朵花的年轻女工坐在机杼前，织的布行云流水。他俩看呆了，仿佛她这个人是织出来的。

一天，胡兰成去旅馆里看张爱玲，不巧肚子痛了，忍着没声张。一会儿，范秀美来了，胡兰成把身体不舒服的事和她说了。范秀美详细地询问了状况，端了热水给他喝，柔声说："喝下这热水，一会就好了。"

张爱玲看着眼前的两个人，分明他们是一家人，自己反倒成了局外人。胡兰成又有了范秀美，那是她万万没料到的，她只想着要把小周的事解决了。

还有一天，张爱玲提议给范秀美画一张肖像。刚勾勒出

154

她的脸庞轮廓，在打量她的五官时，张爱玲颓然放下画笔，说自己有点累，不想画了。范秀美看她心情不好，就先告辞回家。胡兰成问她："为什么好好的就不画了？"张爱玲说："我看她的五官和神情与你有几分相像，实在画不下去了。"

这就是所谓的"夫妻相"吧。这个男人心中装着很多女人，和哪个女人在一起就把前面的感情丢了。张爱玲和他不一样，心里只有这个男人。这男人如一片光，她从薄凉的世界里走出来，迎着光走过去，才发现这只是一片投影在墙上的光。

与胡兰成的这段感情，张爱玲自认为低到尘埃里。曾在一次通信中，张爱玲对胡兰成说道，"我可以没有婚姻，只要你常来我处走走就行。"可是，当两人结婚后，张爱玲就不想再与其他女人分享自己的爱人。

知道胡兰成与小周的事后，张爱玲责问他："结婚时你允诺给我'现世安稳'，还能给我安稳吗？"胡兰成自知理亏，沉默不语。张爱玲坚持要他在自己和小周间作出选择，胡兰成认为选择即是对她的不忠也是对小周的不义，缄口不说。

胡兰成认为张爱玲是自私的，只活在自己的世界中，不给他人更多的空间和自由，就像这次为了小周的事专程从上海赶到温州。这时又多出了个范秀美，只想享受齐人之福的胡兰成更不想在三人间作选择，只希望三个属于自己的女人能够相安无事，和平相处。

看着沉默的胡兰成，张爱玲知道胡兰成不会选择，只能硬起心，叹口气说道："如果到了非得离开你的时候，我不会寻短见，只是这辈子我不会再爱上别人，我的生命就像花一样凋谢了。"

爱玲的种种使我不习惯。她从来不悲天悯人，不同情谁，慈悲布施她全无，她的世界里没有一个夸张的，亦没有一个委屈的。她非常自私，临时心狠手辣……她却又非常顺从，顺从在她是心甘情愿的喜悦。且她对世人有不胜其多的抱歉，时时觉得做错了似的，后悔不迭，她的悔是如同对着大地春阳，燕子的软语商量不定。（胡兰成《今生今世》）

"当你爱我时，我的心在沉睡；当我爱你时，你的心已冰封……"因为生理原因，男人和女人在感情上会有很大的时间差：男人的爱来得快，去得猛；女人的爱来得慢，去得缓。更何况面对的是一个滥情的男人呢？张爱玲无法容忍胡兰成见一个爱一个，在温州待了 20 多天，到底还是独自离开了。离开那天，温州城下着大雨，胡兰成去码头送她，未等船开，胡兰成就转身上岸了。

很多时候感情只是一个人的事，爱或不爱，只能自行了断。张爱玲知道，这一别，便是万水千山心中横。

黯
然
离
去

有人说感情似酒。第一段感情是满杯的酒；第二段也是满杯的，只是半杯酒兑了水；第三段、第四段都是满杯的，却兑了更多的水。胡兰成是张爱玲的第一段感情，张爱玲是胡兰成几段感情中的其中一段，这酒的度数就有了天差地别。

离开温州回到上海，想到胡兰成的滥情，张爱玲独自伤感了几天。几天后，她给他写了一封信，信中说道，自己上船后，胡兰成就离开了，她撑着伞站在船舷边，看着滚滚江水，哭了很久很久。

此后大半年的时间里，张爱玲还断断续续地给胡兰成写信，担心逃亡途中的他缺钱，不时寄钱给他。

1946 年底，胡兰成曾取道上海前往温州，去了张爱玲的住处。胡兰成拿出刚写完不久的《武汉记》，询问张爱玲对此文的看法，此文主要内容写了胡兰成和小周的感情。随即胡兰成又说起范秀美的事，心在滴血的张爱玲却佯装冷静地说："你真博爱啊。"胡兰成不承认自己滥情，反而指责张爱玲不懂得妥善处理生活的细节，这也使他成了张爱玲眼中的"无赖人"。

这个曾经念念不忘的人，当再次出现在面前时，已然成了最熟悉的陌生人。那天晚上，两个无话可说的人分房而睡，爱玲听了一晚上的风声。当天微微亮时，爱玲听到胡兰成房里发出"窸窸窣窣"的声音，知道他要走了。

胡兰成走进张爱玲的房间，来到床边，俯身吻她。张爱玲伸出两只修长的手臂，把他的头揽到自己胸前，禁不住泪水涟涟，从喉咙深处哭着喊出"兰成"两字，再也说不出话来。这是两人最后一次见面。

"她要在楼上的窗户里再看他一眼。无论如何，她从前爱过。他的爱给了她无穷的痛苦。单只是这一点，就使她值得留恋。多少回了，为了要按捺她自己，她进得全身的筋骨与牙根都酸楚了。"这是张爱玲在《金锁记》中写的一个场景，没想到 3 年后，却真真切切地发生在了自己的身上。

1947 年 6 月，两人已一年多未见，张爱玲寄出一封诀别信：

我已经不喜欢你了，你是早已经不喜欢我的了。这次的决心，是我经过一年半长时间考虑的。彼惟时以小吉故，不欲增加你的困难。你不要来寻我，即或写信来，我亦是不看的了。

担心没有稳定收入的胡兰成过得不好，张爱玲还随信附上自己的 30 万元稿费。为了和胡兰成彻底断绝关系，信寄出后，张爱玲与姑姑搬出居住多年的爱丁堡公寓，迁居至梅龙镇巷内重华新村 2 楼 11 号。

我在人情上银钱上，总是人欠欠人，爱玲却是两讫，凡事像刀截的分明，总不拖泥带水。（胡兰成《今生今世》）

胡兰成说"人欠欠人"，是指他和小周分手时把仅剩的东西都给了她；和范秀美有次暂别，又把四百石月薪的谷子换成二十万元现金，除去留给自己的路费，把剩下的十万元偷偷塞在她的箱子里；和佘爱珍在一起时，胡兰成已经非常落魄，有次去香港办事，问佘爱珍要钱，她只给了他 200 元的路费，自己却吃上千元一顿的饭；张爱玲给他 30 万元的分手费却说"两讫"，那是他和爱玲相处期间，曾给了她一笔数目不小的办报经费。

张爱玲和范秀美在温州分别后，又在上海见过一面。怀孕的范秀美来上海流产，胡兰成写了一张纸条给张爱玲，托侄女青芸带着范秀美去找她。张爱玲看到纸条上写着"看病急需用钱，资助一点，谢谢！"的字后，拿出一只金镯子给她们，说："拿去兑了，做手术去。"

张爱玲向胡兰成提出分手时，胡兰成已经走过了最狼狈的逃亡日子，正在一所中学里任教。选择在他生活安定时与他告别，这是张爱玲经过深思熟虑的，这倒很像胡兰成说的"像刀截的分明"——既然无法拥有你的全部，不如选择放手，哪怕我将独自枯萎。

收到张爱玲的绝交信，胡兰成试图挽回这段感情，急忙回了信，说了一些好话。心如死灰的张爱玲没理他，他又马上给炎樱写信，希望炎樱从中周旋。见证他们爱情经过的炎樱看胡兰成如此朝三暮四，也终于没有理他。胡兰成给张爱玲"岁月静好，现世安稳"的婚姻承诺前前后后只维持了三长年，这期间还不断地与多位女性有染。

20世纪50年代初，胡兰成移居日本，张爱玲也离开内地去了香港。得知张爱玲在香港，胡兰成曾托人探访她，只是未曾遇见，那人把写有胡兰成日本地址的纸条塞进她的门缝里。半年后，胡兰成收到一张没有署名的明信片，字迹非常熟悉，向他借几本书做参考，后面附着的已是张爱玲在美国的地址。

有了张爱玲的消息，胡兰成很兴奋，以为能再续前缘，马上按照她的要求寄了书，还附寄了自己的著作。等他《今生今世》的上卷出版时又寄了过去，并附了一封长信，表达自己对她的感情。

张爱玲起初没回，最后才寄给他一张便笺，说信和书已经收到，自己是因为实在找不到参考书才向他借书，并没有其他想法，如果这样给了他误会，觉得抱歉，并说明以后再也不会回信。读出对方冷淡的语气，碰了一鼻子灰的胡兰成才断了念想，知道自己伤她太深，一切都已不可挽回。

爱与受伤都是生活的一部分，爱情之花的凋谢，让张爱玲对爱情有了新的定义：

爱着的并不一定拥有。拥有的并不一定爱着。也许你很幸福，因为找到另一个适合自己的人。也许你不幸福，因为可能你这一生就只有那个人真正用心在你身上。很久很久，没有对方的消息，也不再想起这个人，也是不想再想起。（张爱玲《一别一辈子》）

1990 年，时隔这段感情近半个世纪，离张爱玲去世还有五年，台湾著名作家三毛写了电影剧本《滚滚红尘》，有人说影片内容影射的是张爱玲与胡兰成的感情纠葛及张爱玲与炎樱的闺蜜情。林青霞饰演沈韶华，原型是张爱玲；张曼玉饰演韶华的闺蜜月凤，原型是炎樱；秦汉饰演章能才，原型是胡兰成。

事有凑巧，主演林青霞与秦汉在演《滚滚红尘》之前，两人之间的感情早已被人津津乐道，在演这部电影时，他们的感情戏表演得特别真实和细腻，这也成了两人最后一次银屏合作。

1991年1月4日，三毛在台北荣总病房内用丝袜自缢而亡，年仅48岁。那时，张爱玲正在洛杉矶遭遇"跳蚤"事件而频频搬家，三毛逝世的消息是陪同她找房子的林式同告诉她的。

滚滚红尘，漫漫人生，谁是我的过客，谁又是我的归人？《滚滚红尘》里的主题歌，在遥远的地方响起：

起初不经意的你

和少年不经世的我

红尘中的情缘

只因那生命匆匆不语的胶着

想是人世间的错

或前世流传的因果

……

第五卷

溪上春花独自开

笑，全世界便与你同声笑，
哭，你便独自哭。

一辈子，我们会遇见很多人，有些人是来爱你的，有些人是来给你上课的，有些人是来伤害你的，有些人是你生命中的劫难。胡兰成于张爱玲，是情劫，更是事业劫。受胡兰成"汉奸"身份的影响，张爱玲被一些小报攻击，1945-1946年间，她基本没在报刊上发表过作品。当时，在上海创办百合影片公司的绍兴人吴性栽在成功拍摄《茶花女》《苦学生》后，于1925年6月，合并百合影片公司与大中华影片公司为大中华百合影片公司，并出任董事长。之后，他于1946年8月又独资创建文华影片公司，坚持严肃认真、注重艺术质量的制片方针。

文华影片公司由吴邦藩任经理，陆洁任厂长，创作力量主要来自上海若干剧团人员，创作骨干有柯灵、陈西禾等，曹禺也参与编导，黄佐临、桑弧负责艺术创作。

为了得到更好的剧本，负责艺术创作的桑弧一直在寻找高质量的编剧。他细细梳理了上海有名的作家名单，看到张爱玲的名字，联想到一件事：1944年底，张爱玲自编的话剧《倾城之恋》在上海公演一个月，共演八十场，场场座无虚席。如果能邀请她来为文华影片公司写剧本，那是最好不过了。桑弧与张爱玲没见过面，如果一定要说他们有过交集，那也只是一个间接的戏剧片段。

张爱玲写《倾城之恋》的剧本时，让柯灵帮着提意见。本着认真负责的态度，柯灵没有敷衍塞责，向张爱玲如实说出真实的想法，与她一起反复完善剧本；为了能在大中剧团上演，柯灵介绍剧团主持人周剑云与张爱玲认识。在柯灵的帮助下，《倾城之恋》话剧获得空前成功。为了表达对柯灵的感激，张爱玲送给柯灵一块宝蓝色的绸袍料：

　　事后我因此得到张爱玲馈赠的礼物：一段宝蓝色的绸袍料。我拿来做了长袍面子，穿在身上很显眼，桑弧见了，用上海话说："赤刮刺新的末。"（柯灵《遥寄张爱玲》）

桑弧知道柯灵与张爱玲的关系，于是让柯灵出面帮忙邀请。没有接触过电影剧本的张爱玲，面对柯灵的邀请犹豫不决。

此时，张爱玲的写作事业算是从顶峰走向了低谷，正搁笔等待时机。她原本是个不关心政治的人，因为胡兰成的身份，她的政治生涯被抹上黑点。许多人对她有偏见，她百口莫辩，最让她难受的是背负这样的政治污点，和胡兰成的感情又千疮百孔。

看着文华影业抛出的橄榄枝，对政治文化心有余悸的她心动却不敢贸然行动。为了让事情尽快按照自己想要的方向发展，桑弧决定在自家宴请文艺圈中人，让柯灵邀请张爱玲和炎樱一起参加。

那次宴会上，中国影坛前辈、报界耆宿、电影推手龚之方也在座，他在文华影业公司担任宣传主任，因生性豁达、喜交朋友被大家誉称为"龚满堂"。席间，由龚之方先挑开话题，说了大家对张爱玲小说的仰慕，又说到文华影业公司是一家注重艺术性的"文艺片"影业公司，正需要像她这样的人才；其他人接着又游说了一番，张爱玲终于同意为文华影业公司写电影剧本。就这样，张爱玲开始与桑弧有了合作机会。

张爱玲写的第一个剧本是《不了情》，主要内容说的是一个叫虞家茵的女孩某日在电影院门口等朋友看电影，不料朋友有事来不了，这时刚好有个中年男子在影院门口，虞家茵就把这张电影票转让给了他。后来，在朋友的介绍下，虞家茵去一个叫亭亭的女孩家做家庭教师。女孩的母亲在乡下养病，做生意的父亲常常在外，与亭亭聚少离多，亭亭是个孤单的小女孩。虞家茵在亭亭家做了一段时间家教后，亭亭父亲回来了。虞家茵认出他就是那个和她一起看电影的男子。男子叫夏宗豫，在两人相处中，婚姻不幸福的夏宗豫渐渐爱上了单纯善良的虞家茵，虞家茵却始终守着道德底线。这时，早年抛弃虞家茵母女的父亲回到她身边，想让女儿帮他找份工作，虞家茵拒绝了父亲的请求，怒火中烧的父亲于是四处散布虞家茵与夏宗豫的谣言。远在乡下的夏太太听闻了风声，赶到上海大吵大闹。陷入更大苦恼的夏宗豫有了和太太离婚娶虞家茵的念头。虞家茵经过激烈的情感挣扎，认为夏太太也是个可怜的女人，不忍心从她手中抢走丈夫。她做出理智的决定，选择去外地教书，偷偷地走了。等夏宗豫去看她时，已人去楼空。

这部剧本张爱玲只花了两个月时间就完成了，1947年4月中旬上映，男女主演是当时有"银幕情侣"之称的陈燕燕和刘琼，有着丰富表演经验的男女主演把主人公哀而不伤、悲喜交加的情感表演得淋漓尽致，再加上桑弧对喜剧色彩部分的成熟掌握，电影一上映便非常卖座，轰动上海滩。

张爱玲看了影片后，对风流倜傥的刘琼毫无挑剔，而刚生过孩子的陈燕燕体型却还没有完全恢复，身形胖了点，与自己作品里的虞家茵不太相符。尽管影片票房不凡，但是留给张爱玲几丝遗憾。

文华影片公司成立后拍摄的第一部影片《不了情》让桑弧声名大噪，也让张爱玲以另一种方式重回大众视线，这部作品成为文华影业公司的创业奠基作品。《不了情》的成功让桑弧踌躇满志，想借助这部影片的轰动效应，再请张爱玲创作其他电影剧本，这就有了第二部剧本《太太万岁》。同时，张爱玲趁着电影卖座的机会，把剧本《不了情》改写成小说《多少恨》，在由唐大郎任主编的《大家》月刊2~3期上发表。

《太太万岁》是一部轻喜剧，主要内容说了秀外慧中的好媳妇陈思珍嫁给唐志远后，在婆家把人际关系处理得很好。有一天，弟弟陈思瑞来看她，对自己的小姑唐志琴一见钟情。唐志远因为岳父不肯资助自己开公司而极力反对妹妹与小舅子恋爱。在陈思珍的周旋下，陈父同意资助唐志远。谁知唐志远发迹后出轨了，为了顾全丈夫，陈思珍只能掩盖事实。后来，唐志远破产，他的劣迹还是被陈父发现，最终两家闹翻，陈思珍决定和丈夫离婚。在离婚时，陈思珍碰到弟弟与唐志琴在秘密结婚，面对他们的真心相爱，陈思珍陷入了沉思。

《太太万岁》里女主角没有曲折离奇的故事情节，所有的故事细节都是普通家庭妇女经历的日常。演员蒋天流饰演陈思珍，她成功演活了一个在半大不小的家庭里为了顾全大局而处处周旋、处处委屈的太太。

　　家里上有老，下有小，然而她还得是一个安于寂寞的人。没有可交谈的人，而她也不见得有什么好朋友。她的顾忌太多了，对人难得有一句真心话。不大出去，但是出去的时候也很像样：穿上"雨衣肩胛"的春大衣，手挽玻璃皮包，粉白脂红地笑着，替丈夫吹嘘，替娘家撑场面，替不及格的小孩子遮羞……（张爱玲《太太万岁》）

　　张爱玲笔下的很多小人物穿越大半个世纪，依然活跃在现代人的生活中，这就是艺术的力量，时间未能腐朽。

电影《不了情》和《太太万岁》取得了极大的成功，文华影片公司老板吴性栽决定犒劳大家，邀请大家一起去无锡游太湖。生性好客的吴性栽常常邀请朋友聚会，知道张爱玲不喜交际，出于理解和尊重很少邀请她。这次电影的成功张爱玲功不可没，吴性栽让桑弧与龚之方他们极力邀请张爱玲同去。

那段时间张爱玲正沉浸在与胡兰成的感情泥潭里，因工作需要，文华影片公司的桑弧、唐大郎、龚之方这些人常去她的住处聊天和谈剧本，心情逐渐开朗起来。

1947年的初夏，正是江南阳光明媚、梅黄杏肥之时。在大家的游说下，张爱玲欣然同行。来到太湖，大家泛舟湖上，一边谈笑风生，一边品尝船菜，张爱玲与大家一起沉浸在难得的快乐中。

船到湖心时，旁边一艘船上传来欢声笑语。吴性栽耳尖，辨出其中一人是洪深的声音。洪深，江苏武进（今属常州市）人，1894 年生于官宦世家，民国时期的电影开拓者、导演、剧作家、戏剧批评家、教育家及社会活动家，是中国现代话剧与电影的奠基人之一。两船交会时，吴性栽站在船头高喊"洪深"。洪深走出船舱，见到吴性栽，因不期而遇兴奋万分。吴性栽邀请洪深来自己船上同吃船菜，洪深欣然答应。

来到吴性栽的船上，洪深得知张爱玲也在座，略微尴尬，因为他曾写过一篇评论张爱玲的文章，有些话说得重了些。聚会中，他和张爱玲探讨了一些文学上的事，发现两人观点接近，越聊越投机，竟然前嫌尽释，真是意料之外的一件好事。这次太湖之游留给张爱玲很深的印象，后来与朋友说起这次游玩，说"别致得很"。

因给文华影业公司写剧本，很多朋友常去张爱玲的公寓，桑弧更是常去找她谈剧本。当时桑弧未娶，张爱玲和胡兰成的事虽然传得沸沸扬扬，但是两人没有公开结婚，又是聚少离多，对于他俩的确切关系也没多少人了解实情。

桑弧比张爱玲大五岁，两人接触多了，许多上海小报猜测他俩有男女之情。桑弧从小父母双亡，跟着哥哥长大，性格内向的他很听哥哥的话。他从小有个记者梦，通过刻苦学习从上海华商证券交易所润安字号的学徒考到沪江大学新闻系，可是最后没选择从事自己喜欢的记者工作。因为他哥哥认为记者行业不稳定，于是他又考到中国实业银行，在银行找了份不错的工作。

1935年，桑弧通过周新芳认识了著名导演朱石麟，在朱石麟的提携下开始学写剧本。1941年，他从"当年蓬矢桑弧意，岂为功名始读书"的诗词里，摘录两字给自己取名为"桑弧"，创作的剧本《灵与肉》就是以此署名，后来他又连续创作出《洞房花烛夜》《人约黄昏后》，导演均是朱石麟。在1945-1946年间，在朱石麟的支持下，他又自编自导了《教师万岁》《人海双珠》，至此，从银行辞职的桑弧在电影行业有了一席之地。

桑弧赏识张爱玲的才华，才想到让柯灵帮忙介绍张爱玲给文华影业公司写剧本，像桑弧这样内心拘谨的人，即使自己对张爱玲有意思，也不敢表露心声。当时张爱玲因胡兰成的事被不少小报攻击，正焦头烂额情绪低落。她很清楚，桑弧的家庭是不可能接受自己的，像连工作都听从家人安排的人，即使他有意，也不可能反对家人和自己走到一起。

1946年，张爱玲26岁，桑弧31岁，在一帮朋友眼里，张爱玲与桑弧是天造地设的一对，再加上小报的误导，包括龚之方也这样认为。有一次，龚之方有事去找张爱玲，说完正事闲聊时，龚之方说到她与桑弧的事。张爱玲听了龚之方的话，照她的性格不可能一口拒绝，而是摇了摇头，再摇了摇头，最后还是摇了摇头，用三个摇头来表示不可能。

这也难怪张爱玲，她被胡兰成伤得太深，正独自疗伤中。她也不愿自己蹚着胡兰成的浑水溅脏了桑弧。龚之方碰了钉子后，等别人再在他面前提起桑弧和张爱玲的情事，他一口咬定，说："这真是冤枉了桑弧和张爱玲，他们之间只有纯真的友谊。"

1949 年，桑弧拍摄《哀乐中年》，该片说的是两个年龄悬殊的教员间的爱情以及父子冲突，剧情含蓄中带着浓烈，喜剧中透出悲凉。有人说这部电影编剧是张爱玲，也有人说编剧是桑弧，众说纷纭。最后张爱玲自己出来声明，说她没有参与创作，只是顾问。

传出绯闻的张爱玲与桑弧不久就作出了各自的选择：1951 年，桑弧与圈外人结婚；1952 年，张爱玲远赴香港。此后，两人再未见过面，大家也认同了龚之方的说法。

张爱玲的遗作《小团圆》很多人认为是她的自传体小说。人们在阅读时，在里面找到了桑弧的原型燕山，有一段燕山和九莉的对话，这对话却全然不是龚之方所说的情形：

这天他又来了，有点心神不定地绕着圈子踱来踱去。九莉笑道："预备什么时候结婚？"燕山笑了起来道："已经结了婚了。"立刻像是有条河隔在他们中间汤汤流着。他脸色也有点变了。他也听见了那河水声。分明是相爱的，不是么？（张爱玲《小团圆》）

　　《小团圆》里关于九莉与燕山的故事，张爱玲最后用这句话作了结尾："但是燕山的事她从来没懊悔过，因为那时候幸亏有他。"

　　记忆像是倒在掌心的水，不论摊开还是握紧，都会一滴滴地从指缝间流走。张爱玲与桑弧的故事就这样散场了。有的东西来过就好，不管最后是否拥有。

春来春去

1949 年 5 月 27 日,上海解放。在此之前,许多小报大都停刊。解放后的上海百废待兴,其中复兴文化便是重中之重。中国著名文学家、电影家、戏剧作家、社会活动家,以及中国左翼电影运动的开拓者、组织者和领导者之一的夏衍来到上海,出任华东军事管制委员会文教委员会副主任,暨上海市委宣传部副部长。

夏衍非常关注上海文艺界的现状,认为小报是市民的精神食粮,上海不能成为一个没有小报的城市。他找到龚之方,谈了自己的想法。听了夏衍的话,龚之方来了兴头,约唐大郎与自己一起干,在 7 月办起了《亦报》,随之陈蝶衣等也办起了《大报》。这两份报刊在格调和风格上与之前的小报已完全不一样。

为了自家的小报能够吸引读者，两家报刊负责人都希望找到有实力的作家，龚之方与陈蝶衣同时想到了曾经红遍上海文坛的张爱玲。两人相继走进张爱玲的住处，希望说动她为自家小报撰稿。

在写《不了情》《太太万岁》等剧本时，张爱玲已与龚之方这边的人很熟悉。何况唐大郎是上海报刊的前辈，由《不了情》剧本改写的小说《多少恨》就曾刊登在唐大郎负责的《大家》报刊上，因此她最终选择了《亦报》。

虽然答应了龚之方为《亦报》供稿，但是张爱玲提出一个要求，署名要用笔名。龚之方当时看中的是她的名气，想为《亦报》拉拢一些读者，没料到张爱玲提出这个要求。考虑到张爱玲当时的情况，也只能答应。

张爱玲之所以不愿用真名，龚之方认为理由有二：一是因为她的《连环套》刊登几期后自动腰斩，这让她心有余悸，万一自己的作品不受欢迎，可以躲在文字背后；二是这些年因为胡兰成她被不少人指责，不知道有多少读者能够原谅她。

张爱玲这次决定写个长篇，因为报社这边要稿紧，于是边写边刊登。她这次发表在《亦报》上的《十八春》（后称《半生缘》）有 25 万字之多，从 1950 年 3 月开始发表，直到 1951 年 3 月才刊发完毕。

张爱玲给自己取的笔名是"梁京"，没有特别含义，只是把"张爱玲"名字中的"张"和"玲"两字的音韵交错反切，这也可以看出，张爱玲终难舍弃母亲给自己取的这个名字。

写《十八春》之前，张爱玲和龚之方说了小说的构思。龚之方很看好这个故事，连载前就登出预告，说三天后会有一篇名家之作，敬请大家期待。隔了一天，桑弧署名"叔红"为这部小说发表作了郑重的推介，这是桑弧给张爱玲写的唯一一次文字。"叔红"谐音"书红"，也包含了桑弧对《十八春》的期待及对张爱玲的珍视。

报纸还没出来就先造了势，在广告效应的推动下，很多人开始期待这部小说。《十八春》的故事背景在上海，从1949年往前追溯18年写起，说的是顾曼桢与沈世钧这对年轻人的爱情故事。沈世钧因父亲病重回到南京探亲，顾曼桢落入姐姐与姐夫设的圈套，被姐夫祝鸿才强奸后怀孕，不得不接受与其结婚的命运。这是一个悲惨的爱情故事，这对相爱的年轻人最后无奈地把各自还给茫茫人海。《十八春》的故事贴近生活，小说中的平凡男女随处可见，极易引起共鸣，一等刊出，再一次轰动上海滩。

有一个姑娘看了《十八春》后，找到张爱玲的住处，倚在门边失声痛哭。张爱玲吓得不敢开门，由姑姑张茂渊接见了这位姑娘。原来这位姑娘的经历和顾曼桢很像，看了《十八春》后，很想看看是什么样的作家写出了这样的故事。听了姑娘的话，张爱玲唏嘘不已，没想到自己杜撰的故事竟然真实地发生在现实之中。都说艺术高于生活，真正能引起共鸣的文学作品是能让普通的读者在故事中找到代入感。

还有一个叫"齐甘"的读者写了一篇文章投稿到《亦报》，说他有个三十多岁的胖太太邻居自从《亦报》刊登《十八春》后，天天向他借报纸。当看到顾曼桢被祝鸿才强暴后，胖太太居然跑到他家来问："你知不知道梁京住在哪儿，她把顾曼桢写得这么惨，我找到她，要给她两巴掌。"

报社也收到了很多读者信件，许多读者都希望《十八春》的作者能给顾曼桢安排一个幸福的结局。看着一沓沓读者来信，桑弧又在报刊上发表了一篇文章，让读者放心，作者肯定会给曼桢一个美满的结局。

最后的见面，似上苍早已注定的安排，一切都过去了，那些忘不了，变不了的……我们回不去了，时间是一条河，我们顺水而漂，那是再也回不去了的，那个我爱的人，那个我们相爱的时光，那时微风轻轻吹，待如今只有冷雨凄凄呐。（张爱玲《半生缘》）

这些话是张爱玲说给顾曼桢听的，也是说给自己听的——那个相爱的人，那段相爱的时光，再也回不去了。故事最后，顾曼桢带着孩子和祝鸿才离了婚，开始新的生活，预示着她从旧社会的肮脏中走出来，走进新中国的美好未来。

小说连载完毕，报社给《十八春》出了单行本。为了销量，报社组织了一次座谈会，请张爱玲谈话，这仿佛又回到了1943-1945年张爱玲在上海文坛独占鳌头的场景。《十八春》连载时，夏衍也看了。他很喜欢这篇小说，叫来龚之方问谁是作者。龚之方告诉他是张爱玲。来上海之前，夏衍就听说沦陷期间上海出了个才女张爱玲，听了龚之方的回答，说："这是个难得的写作天才。"

《十八春》还未刊登完毕，打算乘胜追击的唐大郎又向张爱玲约第二部稿子。张爱玲说："如果再要稿子，必须完稿后才给，我实在不习惯一边写一边刊登，这样如果故事后面和前面不连贯，都无法修改。"

对于爱玲提出的这个中肯要求，他们无力反驳。后来，张爱玲用半年时间完成中篇小说《小艾》，于1951年11月4日至1952年1月24日连载在《亦报》上。1987年初，《小艾》又在香港《明报月刊》与台湾《联合报》的副刊上相继发表。后来，又在宋淇的帮助下，委托他人修改部分内容后，收入张爱玲作品集《余韵》一书中。

1950 年 3 月，夏衍改任上海市委常委、上海市委宣传部部长、上海市文化局局长；7 月，他发起上海市第一届文学艺术工作者代表大会，亲自点名有关部门通知张爱玲参加。张爱玲如约出席了上海市第一届文代会，成了此次大会的亮点之一。

1950 年，上海召开第一次文学艺术界代表大会，张爱玲应邀出席。季节是夏天，会场在一个电影院里，记不清是不是有冷气，她坐在后排，旗袍外面罩了件网眼的白绒线衫，使人想起她引用过的苏东坡词句，"高处不胜寒"。（柯灵《遥寄张爱玲》）

中华人民共和国成立后，人们的穿衣打扮与革命联系在一起，中国男女最时髦的装束是蓝色或灰色中山装，西装和旗袍被看成是资产阶级情调，逐渐从人们的生活中退出。张爱玲扬名上海滩的除了文学才能，还有奇装异服，她与众不同的打扮成为多少人茶余饭后的谈资。这次参加文代会，张爱玲已经选了最不起眼的服饰，在一大群蓝盈盈、灰扑扑的中山装间，还是较为突出，难怪给柯灵一种"高处不胜寒"的感觉。

1950年11月，一个叫林冬白的作者出版了一本题为《土地改革与文艺创作》的书，书中说到部分文艺工作者已经下乡去，不久还将有大批文艺工作者下乡，这里的大批文艺工作者也包括了张爱玲。在第一届文代会后，张爱玲去苏北农村参加土改活动，具体时间在1950年末到1951年初，前后大约三四个月，在农村过了一整个冬天。有了这次农村生活体验，才有了她后来的长篇小说《秧歌》。

张爱玲原是摩登旗袍族，在第一届文代会上，她的装扮已经趋于平淡，却还是显得耀眼；后来在苏北参加土改运动，更不可能穿着新式旗袍；她又不习惯满大街的人民装。从苏北农村回来后，张子静去看望她，交谈中，张爱玲透露出远走他乡的想法。这次会面，也成为姐弟俩的最后一次会面。

1952 年 8 月，在浦东乡下教书的张子静好不容易回到上海市区，连忙赶去看望姐姐。给他开门的是姑姑张茂渊。看着站在门外的张子静，张茂渊冷冷地说："你姐姐已经走了。"说完，不再招呼他，自顾关上了门。

张子静走到楼下，忍不住哭起来。想到从小不关心自己的父亲和继母；不肯收留自己的母亲；姑姑和姐姐住在一起多年，见到自己却总是冷冷淡淡；姐姐和自己虽然不很亲近，却是唯一的手足，现在远走他乡却来不及道一声别，怎么不叫他伤心难过呢？

原来，1952 年 1 月，香港大学批准张爱玲的复学申请，并答应给她 1000 元的补助费。后来一段时间，张爱玲一直在为再次赴港而做准备。离开上海前夕，张茂渊拿出其母李菊耦留传下来的家族相册，撕下部分自己的照片后转赠给张爱玲收藏。因为张茂渊的这一明智之举，才有了张爱玲后来的《对照记》。

1952 年 7 月，张爱玲持着港大证明，离开上海，取道广州。到达深圳边城，路上遇到民兵检查，她很紧张。民兵看着护照上的笔名，问她："你就是写作的张爱玲？"她低声说："是的。"民兵没有为难她，让她走了。最后，她来到罗湖关口，这是内地连接香港的"第一口岸"，与香港只有一河之隔。

正是大热天，我们站在太阳地里等着。……中共站岗的兵士就在我们旁边，一个腮颊圆鼓鼓的北方男孩，穿着稀皱的太大的制服。大家在灼热的太阳里站了一个钟头之后，那小兵愤怒地咕噜了一句，第一次开口："让你们在外头等着，这么热！去到那边站着。"他用下颏略指了指后面一箭之遥，有一小块阴凉的地方。

我们都不朝他看，只稍带微笑，反而更往前挤近铁丝网，仿佛唯恐遗下我们中间的一个。但是仍旧有这么一刹那，我觉得种族的温暖像潮水冲洗上来，最后一次在身上冲过。（张爱玲《重访边城》）

8月20日，张爱玲去香港大学报到注册，注册表内有她的简单介绍：一、张爱玲已是难民，生活困难；二、她曾获得何福奖学金，证明她当年是最优秀的学生；三、她申请重读，应该得到助学金。

张爱玲曾说："对于年轻人来说，三年五年就是一生一世，而对于像她这样三十多岁以后的人来说，十年八年不过是指缝间的事。"她初次来香港时是不到20岁的妙龄女子，再次踏上这片土地已过而立之年，从指缝间流走的十多年，仿佛是一场长长的梦。

旧的不复存在，新的都在滋长，时隔十多年，张爱玲又回到香港大学。校园后面小山上的树更高了，小路两旁的灌木更密了，野花开得更火了，中间一条通向旧时半山女生宿舍的砖砌小径比例不同往昔了。物是人非，一切都变了，张爱玲不敢抬眼远望，怕看见年轻时的影子。

> 时间的重量压得我抬不起头来，只觉得那些拔高了的小杉树还有点未成年人的伶仃相，一个个都是暗绿的，池中暗绿的喷泉向白色的天上射去，嗞嗞哗哗地上升，在那一刹那间已经把我抛下很远，缩小了而清晰异常，倒看的望远镜中人，远远地站在地上。（张爱玲《重访边城》）

那时炎樱在日本，入校两个月后，张爱玲想去日本谋生，遂放弃港大学籍。在日本停留三个月，寻职无果，她又返回香港，再次向港大提交复学申请书。对于她的草率退学，港大甚是不满。不但不同意她再次入学，而且要求她退回之前发放的助学金。一番讨价还价后，经济窘迫的张爱玲答应分 9 次退还。她与港大的缘分就此告终。

得知张爱玲从上海出走，夏衍深表惋惜。当时上海成立电影剧本创作所，夏衍亲自兼任所长，委任柯灵为副手，他对柯灵说："我要邀请张爱玲来写剧本，现在还不是时候，反对她的人很多，等稍微过些时日，情况好点时，我们再邀请她。"

　　遗憾的是柯灵还来不及把这个消息告诉张爱玲，她已经离开了上海。从此，她开始了余生的飘零，上海离她越来越远，最后只成为梦中的故乡。

从日本返回香港，港大拒绝了张爱玲的第二次复学申请。没有了港大的庇佑，张爱玲只能寄住在女青年会的小房间里，为了生活开始留意各种招聘启事。

当时正是朝鲜战争时期，美国在朝鲜国土上与支援朝鲜的中国人民志愿军开火交战，不但想在战场上打击中国军队，而且还想在文化上宣传中国的负面文化。他们在美国新闻署香港办事处设立了一个"美国书籍中译计划"，准备将一些美国文学作品翻译成中文在香港出版，需要招聘几位英译汉的翻译家。

美国新闻署的工作人员看了张爱玲的求职简介，对中英文俱佳又出过著作的她很感兴趣，同意她翻译一些作品。政治不敏感手头又拮据的张爱玲没有多想，接下了这份工作。

接手译稿后，因工作需要，经常出入美国新闻署的张爱玲认识了在那里担任编译部主任的宋淇，还有担任翻译员的妻子邝文美。他们夫妻从此成为张爱玲后半辈子的朋友，也是她的遗产继承人。

宋淇，原名宋奇，笔名林衣亮，浙江吴兴人，对文学批评、翻译、《红楼梦》研究均有心得。1940年，他毕业于燕京大学西语系，1949年，移居香港。

宋家是一个文化世家，宋淇的父亲宋春舫是民国时期著名的戏剧家和藏书家。宋春舫去世后，宋淇继承了父亲的产业，在上海从事话剧和学术活动。在上海期间，他常常在家中举行一些文学沙龙，犹如林徽因的"太太客厅"，座上宾有文化界的傅雷、朱梅馥、夏志清等，钱锺书和杨绛也常常光临，宋家成为文人墨客聚会的地方。

那时，张爱玲正处在文学创作的鼎盛期，宋淇夫妻也是她的忠实读者，夏志清最初读张爱玲、钱锺书的作品，就是他在这个时期推荐的。在宋家的文学聚会上，大家常常谈起这位文坛才女，因张爱玲不热衷于聚会，才一次都没有出现在宋家，致使他们在上海无缘相见。

注定要出现在生命中的人，一定会被安排在最合理的时间出现。1949年，宋淇夫妻离开上海后，便在美国新闻署上班，不承想竟然在这里遇到比他们迟来三年的张爱玲。张爱玲在香港举目无亲，宋淇夫妻又是热心人，何况大家都从上海来，是真正的同乡人，无形中有了亲近感，他们之间的接触频繁起来。

初居女青年会时，没人认识张爱玲，住了一段时间，有人认出她是大名鼎鼎的女作家张爱玲，一些读者慕名而来。张爱玲甚是烦恼，和宋淇夫妻说了此事。夫妻俩帮她在英皇道租了一间布置简陋却很安静的房子，和宋淇夫妻的住处又不远，很合张爱玲的心意。工作之余，她常去宋家找夫妻俩聊天。

宋淇对《红楼梦》很有研究，张爱玲也特别喜欢，两人间有很多共同话题。有时三人用上海话说上海旧事，说到高兴处，一起唱上海老歌。

怕张爱玲一个人孤单，每天晚上，邝文美都会去她的住处看她。酒逢知己千杯少，原本不善言辞的张爱玲和邝文美在一起总有说不完的话，就像她和炎樱相处一样，想说什么就说什么，想怎么说就怎么说。想到邝文美来陪自己聊天，怕回家迟了宋淇担心，每当聊到晚上八点钟，张爱玲就提醒她该回家了。由此，她给邝文美取了个名字，叫"我的八点钟灰姑娘"。

被业内称为"影坛常青树"的李丽华几年前也从上海来到香港，在香港开了一家电影公司。在上海时，她主演过桑弧编剧的《假凤虚凰》，与张爱玲编剧的《不了情》《太太万岁》都是文化影业的作品。张爱玲编剧的两部电影在上海的火爆场景多年后她亦记忆犹新，她很赏识张爱玲的才华。李丽华和宋淇是朋友，当知道张爱玲也在香港并和宋淇成为朋友后，她想通过宋淇认识张爱玲，希望邀请她为自己的电影公司写剧本。

宋淇知道张爱玲不喜见生人，有成人之美愿望的他想了一个妙计。此后，每当张爱玲上他家聊天时，宋淇会有意无意提到李丽华，听得多了，张爱玲也对李丽华提起了兴趣，偶尔还会主动问些李丽华的事。宋淇见时机已到，对张爱玲说："我认识李丽华，什么时候安排你们见见。"

对于见人，张爱玲还是颇为抗拒，在宋淇的一再怂恿下勉强同意。约定见面的日子到了，要见自己心仪的人，原本貌美的李丽华还是好好修饰了一番，早早来到约定处。结果张爱玲却姗姗来迟，高度近视的她那天没戴眼镜，小坐片刻便告辞了。

宋淇知道她的脾气，李丽华也听说过她的性格为人，对于她的来去匆匆也就不足为怪了。只是当宋淇再次和张爱玲说起李丽华时，她说："对我来说，以前的李丽华就像图书中的美人儿，现在知道了她的很多事，整个人就变成了立体的，就像一朵活色生香的花儿。"夸一个人都能夸得像写诗，也只有张爱玲了。

1953 年，美国颁发一项法令，允许各行业的外国精英迁居美国，并有可能加入美国国籍。张爱玲得知此消息后，决定前往美国。1955 年 11 月，张爱玲乘坐美国总统轮船公司的"克利夫兰总统号"邮轮离开香港，宋淇夫妻到码头送行。

在离港赴美的邮轮上，张爱玲给邝文美写了一封信，大意是邝文美的友情成为张爱玲在香港的生活核心，此生她不奢望能再次遇见这样的朋友。

真正的友情不会因为距离而疏远。1958 年，张爱玲为香港电影懋业公司编写的电影《情场如战场》在香港上映，邝文美用笔名"章丽"写了《我所认识的张爱玲》一文助推。该文发表在 1957 年 7 月香港《国际电影》第 21 期上，文中不吝对张爱玲的赞美，说她没有足够的人生经验，却有超越一般人的观察力和悟性，并且懂得抓取日常生活的片段作为写作材料，因此她的作品总能引起读者的共鸣。

张爱玲和宋淇夫妻的这段情谊一直持续着，直至最后成为张爱玲指定的遗产继承人。1995 年 9 月 8 日，张爱玲被发现死在洛杉矶自己的公寓里，邝文美伤痛欲绝。她在那天的日记里写道："1995 年 9 月 8 日，中秋节，倒数 661 天（是指离香港回归的日子）。惊闻爱玲噩耗（孤寂中离开人世，是祸是福？），四十余年旧事涌上心头……"

争
议
作
品

　　张爱玲给美国新闻署翻译的作品其中之一是海明威的《老人与海》。当时有很多人翻译过《老人与海》，像作家余光中、罗珞珈等都有译著本。在众多翻译作品中，数张爱玲的《老人与海》最为生动传情，把老人不屈不挠、与命运搏斗的精神写得淋漓尽致，读后让人动容。

　　张爱玲为美国新闻署翻译作品期间，只有在翻译《老人与海》的过程是愉悦的，因为她喜欢海明威，特别喜欢他写的这本书。翻译其他作品没有快乐可言，只是为了生活而不得不为之。她曾向邝文美抱怨："就像跟自己不喜欢的人说话，却又无处可逃，只能艰难地熬着。"

　　她又说："替别人做点事，心里不乐意，却能换取自己想要的，这才是活着的意义。"这让人想起张茂渊曾说过的话：

"我每天说半小时自己不喜欢的话，有几万薪水，剩余时间说那么多自己喜欢的话，却拿不到一分钱。"姑侄二人的话有异曲同工之妙，尽管住一起时在金钱上锱铢必较，可是秉性上还是有很多相似之处，这大概也是两人能够亲近的原因吧。

张爱玲在美国新闻署接手的第一部稿子并不是英译汉作品，而是把中文版的长篇小说《荻村传》翻译成英文，此书是20世纪50年代的一部台湾小说，当时正是抗美援朝时期，美国宣传机构看上这部书自有政治宣传用处。他们首先找台湾大学外文系教授应千里翻译。应千里12岁到英国剑桥大学留学，外语水平有口皆碑。美国新闻署看过他的译著成品后，认为过于格调高雅，缺少通俗文学的行云流水，了解到张爱玲是畅销书作家，就请她重新翻译。中英文功底俱佳的张爱玲很快完成了任务，美国新闻署看完她的作品很满意，给了她一笔丰厚的酬劳，这也暂时缓解了张爱玲的经济压力。

新任美国新闻署处长的麦加锡看了新译著的《荻村传》后，对这本书的翻译者大加赞赏，从优美的文笔中断定作者是一个非常有才华的人。通过宋淇夫妻的引荐，麦加锡认识了张爱玲。当他了解到张爱玲曾是红透上海滩的女作家后，鼓励她写原创作品，他俩由此结下一段纯真的友谊。1961年，张爱玲去台湾参加活动，就是麦加锡夫妻安排并接待的。

在麦加锡的关心和鼓励下，张爱玲暂时放下翻译作品，开始创作。这次她写了两部长篇小说，分别是《秧歌》与《赤地之恋》，在《今日世界》杂志上连载。连载完毕，两部作品在纽约分别出版了英文版，随之中文版也问世。中文版《秧歌》出版后，张爱玲给在美国的胡适寄了一本，两人因书结缘，有了一段忘年交。胡适看了张爱玲的《秧歌》后，给出极高的评价："写得真细致，忠厚，可以说是达到了'平淡而近自然'的境界，这是我近年读的中国文艺作品最好的了。"

《秧歌》的主要内容是说一个叫月香的上海帮佣，在国家鼓励劳工回乡下生产的号召中离开上海。回到农村的月香发现农村很贫穷，到处是饥荒，根本不可能吃饱，这时月香觉得"我现在才晓得，上了当了"。从胡适对《秧歌》的评论来看，《秧歌》在文学造诣上并不比《金锁记》《倾城之恋》这些作品差，主要是张爱玲把中国农村写得太穷了。新中国刚成立不久，中国农民还不富裕，但是没有她作品中所说的那样穷。这部作品明显带着一定的政治"倾向色彩"，也难怪国内一些文学研究家认为这部作品张爱玲是在美国新闻署的"授意"下完成的。

另一部作品《赤地之恋》前半部写的是农村土改，后半部写的是"三反"运动。张爱玲在《赤地之恋》的序言中这样写道："《赤地之恋》所写的是真人真事……画面相当广阔……我只希望读者们看到这本书的时候，能够多少嗅到一点真实的生活气息。"当时也有人写土改和农村生活，像周立波的《暴风骤雨》，丁玲的《太阳照在桑干河上》，他们的作品积极向上，而张爱玲笔下那段中国解放初期的历史是沉闷和压抑的，那一幕幕抹不去的荒凉让人恍若隔世。

张爱玲晚年在洛杉矶幽居时，曾意外与一个叫水晶的人聊得很投机。水晶见到张爱玲后，写了一篇散文《蝉——夜访张爱玲》，里面谈起过《赤地之恋》的创作，也证实了国内一些文学研究家认为的"授意"而作。

接着，她主动告诉我：《赤地之恋》是在"授权"的情形下写成的，所以非常不满意，因为故事大纲已经固定了，还有什么地方可供作者发挥的呢？不过，我说仍然喜欢戈珊这个角色。她说戈珊是有这样一个人的，虽然也是听人说起，自己并没有见过。（水晶《蝉——夜访张爱玲》）

面对生存的挑战，没有过多选择的张爱玲完成了《秧歌》与《赤地之恋》的创作，这是她首次用英语写作，也是迄今为止她的作品中争议最多的两部。

　　1954年,《秧歌》与《赤地之恋》中英文单行本出版问世。
10月25日,张爱玲给在美国的胡适寄了一本中文版的《秧歌》,
并附了一封短信:

　　适之先生:

　　请原谅我这样冒昧的写信来。很久以前我读到您写的《醒
世姻缘传》与《海上花》的考证,印象非常深,后来找了这
两部小说来看,这些年来,前后不知看了多少遍,自己以为
得到不少益处。我希望您肯看一遍《秧歌》。假使您认为稍
稍有一点接近"平淡而近自然"的境界,那我就太高兴了。
这本书我还写了一个英文本,由 Scribuer 出版,大概还有几个
月,等印出了我再寄来请您指正。

这封信张爱玲没留底稿，收信主人胡适把它粘在 1955 年 1 月 23 日的日记前。收到张爱玲的书和信后，胡适给张爱玲写了回信，回信日期是 1955 年 1 月 25 日。在信中，胡适首先对《秧歌》大加褒奖，确认有"平淡而近自然"的细致工夫；其次还提出第几页哪些地方可以改进，哪些地方有笔误等。一代文学宗师对自己的作品看得如此认真，张爱玲备受感动。

胡适（1891 年 12 月 17 日 -1962 年 2 月 24 日），徽州绩溪人，原名嗣穈，学名洪骍，字希疆，笔名胡适，字适之，中国现代思想家、文学家、哲学家，以倡导"白话文、领导新文化运动闻名于世"。

胡适给张爱玲的回信，她一直珍藏着，可惜在数次搬家中还是遗失了，幸好她曾叫一个友人抄了胡适的信，朋友那里还保存着一份手抄稿。张爱玲是在书里认识胡适的。小时候有一次，她在父亲的书房里，把书柜里的书一本本拖出来翻阅，看到《胡适文存》时，走到书桌前坐下，阳光清明地洒落在桌子上，直到天色渐暗，她把整本书看完了。

1944 年，她在上海写的《诗与胡说》一文中曾提到胡适：

……中国的新诗，经过胡适，经过刘半农、徐志摩，就连后来的朱湘，走的都像是绝路，用唐朝人的方式来说我们的心事，仿佛好的都已经给人说完了，用自己的话呢，不知

怎么总说得不像话，真是急人的事。

其实，张家和胡家可以说是世交。张爱玲的爷爷张佩纶与胡适的父亲胡传就认识了，并帮过胡传一个忙：清光绪七年（1881），41岁的胡传在科举场上一直不得意，有了放弃科举考试的念头。那次胡传抵京巧遇张佩纶，说起自己的失意，张佩纶给他写了一封推荐信，让他去找同为清流党骨干力量的莫逆之交吴大澂。吴大澂看到朋友的推荐信，让胡传做了自己的幕僚。此后，胡传开始进入官场，最后官至台东直隶州知州。

当时张佩纶任职李鸿章幕僚，背靠大山的他对胡传的帮助可谓是举手之劳，对胡家来说则是关系家族命运的大事。张家很少有人提起祖父，因此张爱玲并不知道张、胡两家的这段渊源，哪怕偶尔听到有人提起，对时局漠不关心的她在一大堆陌生姓名中，也搞不清谁是谁，所以对这事没有一点记忆。后来，张佩纶被贬谪，知恩图报的胡传写信问候并附银子200两。落难见人心，张佩纶特别感动，把此事写进日记里。

除了张爱玲的爷爷与胡适的父亲认识，就是她姑姑和母亲也曾与胡适有过交集：

她（张茂渊）和我母亲跟胡适先生同桌打过牌。战后报上登着胡适回国的照片，不记得是下飞机还是下船，笑容满面，笑得像个猫脸的小孩，打着个大圆点的蝴蝶式领结，她看着笑了起来说，"胡适之这样年轻！"（张爱玲《忆胡适之》）

家里人熟悉胡适，还喜欢读胡适或他推荐的书。张爱玲小时候看过父亲买的《胡适文存》，还有《海上花列传》，可能是读了胡适的考证又去买的。这套《胡适文存》最后在张茂渊那里。张茂渊借了哥哥这套书后不久，兄妹俩彻底闹翻，两人不再来往。

张志沂后来还在张爱玲面前念叨："你姑姑借了我的《胡适文存》，还没还给我呢。"有一次，张茂渊也对张爱玲说起过此事："他的《胡适文存》还在我这里呢。"

胡适曾在1931年12月写过一篇《〈醒世姻缘传〉考证》，1932年亚东图书馆出版《醒世姻缘传》时用这篇文章作了序。看完《胡适文存》后，张爱玲向父亲要了四元钱，买了《醒世姻缘传》。张子静也喜欢这套书，张爱玲拿出姐姐的做派，让张子静先看第一、二册，自己从第三册看起。

照《醒世姻缘传》的出版时间推算，张爱玲看这套书时应该是1932年，那时她是上海圣玛利亚女校的初中生，一个13岁女孩在这个敏感的年龄阅读这本书，自然印象深刻。晚年时，张爱玲也曾自言"在十三四岁第一次看这书"，直接证实了看这书的年龄。

张爱玲去新式学校读书后，张志沂给张子静请了一位60多岁的朱姓老先生在家叫他念古书。张爱玲回家时，也向朱老先生请教古文，这个时期的张爱玲正在看《醒世姻缘传》与《海上花列传》一类的书。

有一次，姐姐从父亲书房里找到一部《海上花列传》，书中的妓女讲的全是苏州土话（吴语），有些姐姐看不懂，就硬缠着朱老师用苏州话朗读书中妓女的对白。朱老师无奈，只得捏着喉咙学女声照读，姐姐和我听了都大笑不止。姐姐对《海上花列传》的痴迷，就是从那时开始的。（张子静《我的姐姐张爱玲》）

两人通信时，胡适不知道张爱玲是张佩纶的孙女，直到1955年两人在美国见面闲聊时才知道。胡适在11月10日的日记中简要记录了此事：

始知她（张爱玲）是丰润张幼樵的孙女。张幼樵（佩纶）在光绪七年（1881）作书介绍先父（胡传，字铁花）去见吴愙斋（大澂），此是先父后来事功的开始。幼樵贬谪时，日记中曾记先父远道寄函并寄银二百两。幼樵甚是感动，故日记特书此事。幼樵遗集中竟收此介绍一个老秀才的信——我曾见之——可见他在当时亦不是轻易写此信也。

第六卷
花开异乡话苍凉

长的是磨难，
短的是人生。

交往胡适

1955 年 11 月，张爱玲离开香港前往美国。在前后十几年中，她两度赴港，两度离港，所怀心境完全不一样：第一次赴港充满着青春的追求，离港是回到熟悉的地方；第二次赴港是为了躲避生活带给她的无力感，离港是去往一个未知的陌生国度。

有人说："如果你爱他，就把他送到纽约，因为那里是天堂；如果你恨他，就把他送到纽约，因为那里是地狱。"纽约将是张爱玲的天堂还是地狱？一切都是未知数。

张爱玲到纽约时，炎樱刚好也在纽约生活。她先短居在炎樱家。胡适是在张爱玲的心中"仿若神明"般的存在，到纽约不久，张爱玲约上炎樱一起去拜见他。

那条街上一排白色水泥方块房子，门洞里现出楼梯，完全是港式公寓房子，那天下午晒着太阳，我都有点恍惚起来，仿佛还在香港。上了楼，室内陈设也看着眼熟得很。适之先生穿着长袍子。他太太带点安徽口音，我听着更觉得熟悉。她端丽的圆脸上看得出当年的模样，两手交握着站在当地，态度有点生涩，我想她也许有些地方永远是适之先生的学生。使我立刻想起读到的关于他们是旧式婚姻罕有的幸福的例子。（张爱玲《忆胡适之》）

胡适夫人给她俩先端来茶，再拿了一碟茶叶蛋。茶叶蛋散发出浓浓的茶香，炎樱笑着说："好香好香，这么香的茶叶蛋，我要吃两个。"胡适说："这蛋小，吃上三五个才行。"炎樱语出惊人："不行，吃多了会放屁的。"胡适夫妇都被炎樱逗笑了。

胡适夫妇挺喜欢炎樱，他们聊得很投机，问她是从哪里来的，炎樱用生疏的普通话回答。炎樱原本是锡兰人，普通话不是很流利，在上海偶尔写文章都用英文，是爱玲帮着翻译，加上这些年离开上海很久，更是不大会说了，可这并没有妨碍他们的交流。听着他们交谈，张爱玲倒好像成了陪客，自顾喝着用玻璃杯泡的绿茶，一进楼道就有的时空交错感更深了。

张爱玲与炎樱拜见胡适后，炎樱去熟人圈子里打听胡适，很多人摇头说"不认识"，炎樱才发现张爱玲口口声声膜拜的人并不是什么名人。心直口快的炎樱对张爱玲说："我们去拜见的胡博士没多少人知道，还没有林语堂有名呢。"听了炎樱的话，张爱玲很不以为意，她认为是外国人不知道五四运动的影响而已。

第二次拜见胡适，张爱玲独自前往。这次凑巧胡太太不在家，胡适在书房里接见了她。"整个一道墙上一溜书架，虽然也很简单，似乎是定制的，几乎高齐屋顶，但是没搁书，全是一沓沓的文件夹子，多数乱糟糟露出一截子纸。"看着这么多文件夹子，张爱玲想，"如果要整理，得花多少时间和心力啊。"

张爱玲是极简主义的代表，尽管是作家、文人，却很少买书，想看也喜欢借。她也不喜欢购置物品，连书桌都不需要，哪里可以就在那里将就着写，太多东西像会羁绊住人一样。她这个习惯和宋朝的著名诗人杨万里有一拼：杨万里立朝刚正，遇事敢言，随时准备被人弹劾离朝，他不准家人添置物品，以免离职回乡时行李成为累赘。

胡适原本想和张爱玲天南地北海聊一番，包括政治和周围的环境。谈到国内政治时，看着默然的张爱玲，胡适知道不适合和她谈这个话题；立马转换话题，又谈起周边的环境，如若要去图书馆查阅资料，建议张爱玲去哥伦比亚图书馆，那里书多。刚到纽约不久的张爱玲平时去的几乎都是市立图书馆，这个话题又谈不下去了，胡适才发现张爱玲是这样不善言辞，天生具有一种拒人千里的淡漠。最后，两人只是简单地说了一些上海往事与一些家庭琐事。

张爱玲与胡适会面后没几天，就到了感恩节。

感恩节那天，我跟炎樱到一个美国女人家里吃饭，人很多，一顿烤鸭子吃到天黑，走出来满街灯火橱窗，新寒暴冷，深灰色的街道特别干净，霓虹灯也特别晶莹可爱，完全像上海。我非常快乐，但是吹了风回去就呕吐。刚巧胡适先生打电话来，约我跟他们吃中国馆子。我告诉他刚吃了回去就吐了，他也就算了，本来是因为感恩节，怕我一个人寂寞。其实我哪过什么感恩节。（张爱玲《忆胡适之》）

张爱玲不喜欢与人住在一起，哪怕是住在炎樱这样的闺蜜家，她还是心心念念要搬出去。炎樱认识的人中，有的住过纽约救世军办的女子宿舍（收容贫民的收容所），手头钱不足又急于独处的爱玲，也不管那里糟糕的环境和复杂的人员，在炎樱的帮助下搬了进去。

胡适知道张爱玲住在救世军办的女子宿舍后去看她，张爱玲请他到后面的会客厅。会客厅是个黑洞洞的大礼堂，有讲台，有钢琴，台下放着陈旧的沙发，平时很少有人去。这次带胡适去，也是张爱玲第一次去，在这样的地方会客，实属无奈之举。

胡适却不停地说"这个地方好、这个地方好"，话语中没有敷衍的成分。或许是因为中国人的涵养，更或许是想到张爱玲这样曾经大红大紫的大作家现在生活在这样的环境中，为她没有虚荣心而称赞的吧。

临别时，张爱玲送他到大门口，两人站在台阶上说话。裹着围巾、穿着黑大衣的胡适在隔着一条街从赫贞江上吹来的寒风中缩起脖子，微笑地"望着街口露出的一角空濛的灰色河面"，仿佛凝固成一座古铜半身像。

刚从开着暖气的室内走出来，没穿大衣的张爱玲也不觉得冷，只觉得风飕飕地从身边吹过。她怔怔地看着胡适，"仿佛有一阵悲风，隔着十万八千里从时代的深处吹出来，吹得眼睛都睁不开"。

次年3月，张爱玲离开纽约，搬去纽英伦，几年内两人再无通信，这次见面也成了两人的最后一面。若干年后，张爱玲回忆起两人站在台阶上说话的那一幕，依然感受到潮湿的印痕……

认
识
赖
雅

　　1956 年 2 月 13 日，张爱玲填写了一份寄往位于新罕布夏州的彼得堡麦克道威尔文艺营的申请书，其中部分内容如下：

　　"我是一个来自香港的作家，根据 1953 年美国颁发的一项法令移民来此。我去年 11 月份来到这个国家，除了写作所得之外我别无其他收入来源。目前经济压力逼使我向文艺营申请免费栖身，俾能让我完成已经动手在写的小说。我不揣冒昧，要求从 3 月 1 日到 6 月 30 日期间允许我居住在文艺营，希望在冬季结束的 5 月 15 日之后能够继续留在贵营。"

　　占地 420 英亩的麦克道威尔文艺营创建于 1907 年，由美国著名作曲家麦克道威尔的遗孀马琳所创。麦克道威尔文艺营坐落在新罕布夏州的群山中，周围树林茂密，四季鲜花盛开，空气清新，环境优美。文艺营里有大小不一的房舍，风格不同的别墅，独具匠心的工作室，还有大型图书馆、聚会室，可谓是文艺爱好者的世外桃源。

麦克道威尔文艺营接到张爱玲的申请书，经过委员会研究决定，同意接纳张爱玲。1956年3月2日，张爱玲接到同意书。3月中旬，张爱玲结清救世军办的女子宿舍账目，从纽约乘火车到波士顿，再转乘长途巴士到新罕布夏州的彼得堡市区。到彼得堡市区时天色已晚，张爱玲雇了一辆计程车直接到麦克道威尔文艺营，那里已经安排了专人接待她。张爱玲一到，接待员就把她安置到女子宿舍，并给她配了一间工作室。暂时有了几个月的安顿地，她打算静下心来先把《金锁记》改写成长篇小说。

居住在文艺营里的是来自四面八方的文艺爱好者。他们白天在各自的工作室工作，下午四点后陆续从各自的房间里走出来，到聚会厅里打牌、聊天、玩游戏。来到文艺营后，安心写小说的张爱玲白天闭门不出，到了傍晚才来到聚会厅，找一个角落坐下，一言不发地看着大家。

在吵吵嚷嚷的人群中，长得高挑、不苟言笑的张爱玲显得独树一帜，引起了一个身形高大的欧洲男人的注意，这个人就是成为她第二任丈夫的赖雅。

赖雅，1891年出生在美国费城的一个德国移民家庭里，父母均为德国人。他从小生活在小康家庭中，求读的是美国的贵族学校，年轻时就显露出耀眼的文学才华，20 岁以前就创作了不少诗歌作品。赖雅结过一次婚，前妻是美国著名的女权主义者吕蓓卡·郝威琪。结婚后，夫妻俩按照自己的意愿活在各自的世界中，不肯为家庭做出牺牲，婚姻生活一团糟。有了女儿霏丝后，生性奔放自由、不愿受婚姻约束的赖雅向妻子提出离婚，终止了这段婚姻。离婚后，赖雅与许多女人传出过绯闻，却始终没有再步入婚姻。这一年，赖雅 65 岁，张爱玲 36 岁，两人相差近 30 岁。

　　赖雅来到独坐的张爱玲身边，对她说："您好，好像是第一次见到您？"张爱玲说："是的，我从纽约到这里，才入住几天。"同是天涯沦落人，相逢何必曾相识，缘分是一种很奇妙的东西，初次见面，两人居然有种"似曾相识"的感觉。两人开始聊天，从文学、人生，各自的故乡说起，越聊越投机。

　　那天后，只要张爱玲出现在聚会厅，赖雅就马上走到她身边，和她继续昨天没完的话题。张爱玲拿出自己的小说《秧歌》给赖雅看，这个一直很自负的男人立刻被她优美的文笔、独特的构思所倾倒。

　　两人的感情发展很快，就像发酵的面团马上膨胀开来，5 月初，两人就到了难分难舍的地步，赖雅在 5 月 12 日的日记中写道："去小屋，一同过夜。"

很多时候，开始就是结束。三天后，赖雅在麦克道威尔文艺营的居住权已到期，他申请到了耶多文艺营的居住权。赖雅要走了，张爱玲送他去火车站。她知道赖雅手头拮据，临走前，把仅有的一点儿钱给了赖雅。

我母亲是个清高的人，有钱的时候固然绝口不提钱，即至后来为钱逼迫得很厉害的时候也还把钱看得很轻。这种一尘不染的态度很引起我的反感，激我走到对面去。因此，一学会了"拜金主义"这个词，我就坚持我是拜金主义者。

我喜欢钱，因为我没吃过钱的苦——小苦虽然经验到一些，和人家真的吃苦比起来实在不算什么——不知道钱的坏处，只知道钱的好处。（张爱玲《童言无忌》）

张爱玲自嘲是"拜金主义"，和姑姑住在一起时谁打碎东西，谁出钱买，被张茂渊称为"财迷"；和炎樱在一起时，两人的钱也分得清清楚楚，上街时谁付钱都事先说好，连坐黄包车的钱都是一人一半；和母亲之间最后只剩下冰凉的"欠债与还钱"，有钱后把母亲花在自己身上的钱全都还清，冷眼地看着黄逸梵哭；成为作家后，她对稿费的计较也是有目共睹，和《万象》老板平襟亚就因为《连环套》的稿费问题笔枪纸弹，互不相让，最终分道扬镳。

张爱玲说过："能够爱一个人爱到问他拿零用钱的程度，那是严格的试验。"她和胡兰成在一起时常给胡兰成寄钱，寄出绝交信时还附带 30 万元稿费；现在遇见赖雅又把自己仅存的一点儿钱给了这个男人。因为爱情，让这个"拜金主义者"成了豪情侠女。

一个月后，美国的冬天结束了，张爱玲在麦克道威尔文艺营的期限也满了，不得不离开这个给了她温暖又让她遇见爱情的地方。

　　赖雅从麦克道威尔文艺营出去后，在耶多文艺营申请到
的居住期只有 6 个星期。到期后，他搬到了萨拉托卡泉小镇。

　　在麦克道威尔文艺营离别后，张爱玲和赖雅始终保持着
联系。1956 年 7 月 5 日，赖雅收到张爱玲的信，说她怀孕了。
这一刻，离婚多年从不肯再步入婚姻的赖雅内心生起一种道
德责任感。

　　赖雅脑海中不由浮现出车站送别的一幕，性格豪爽的他
有钱时帮助过很多朋友，现在生活困难，那些受过他资助的
朋友没有一个回报他，而这个相识不久的女人却在分别时把
不多的钱都塞到他手里。他觉得这个女人是个可以依靠的人，
不会辜负他。

　　赖雅 17 岁时进入宾州大学学习文学专业，后来进入哈佛

大学攻读硕士学位，在哈佛大学时被该校著名教授乔治·贝克看中，拉他到自己的戏剧研究组，不久以优异的成绩在该校毕业；毕业后，被著名学者威廉·尼尔逊教授推荐到麻省理工学院做英文教员，赖雅嫌这份工作过于安逸，第一次世界大战期间成了一名战地记者；战争结束后，他在美国格林威治村居住下来，成了一名自由撰稿人。这个经历丰富、阅人无数的男人，清晰地看到了自己的现状：钟爱一生的文学事业并无多大建树，经济拮据危及温饱，摔断过腿的他数度中风，自己已经进入风烛残年。

收到张爱玲的信后，他内心产生了要和这个女人在一起的强烈愿望，于是写信向她求婚。张爱玲在《金锁记》中写过"男子对于女子最隆重的赞美是求婚"，赖雅做到了，给了她最美的赞美，可是有一个条件——不要孩子。

赖雅的信还在路上，张爱玲已经动身前往萨拉托卡泉小镇找他。在异国他乡漂泊多年的张爱玲，很希望在陌生的国度遇到依靠和爱，那是她停泊在他乡国度的一个锚。

两人在萨拉托卡泉小镇相见的一刻，赖雅向张爱玲求婚。在不幸福的家庭中长大的张爱玲从小不喜欢小孩，连小狗小猫都不亲近，甚至对小生命都没有好感。在赖雅的陪伴下，她做了人流手术，这是她唯一一次怀孕，亲手扼杀了自己做母亲的权利。

……十几年后她在纽约，那天破例下午洗澡。在等打胎的来……急死了，都已经四个月了……怀孕期间乳房较饱满，在浴缸里一躺下来也还是平了下来。就像已经是个苍白失血的女尸，在水中载沉载浮。……女人总是要把命拼上去的。……我不要。在最好的情形下也不想要——又有钱，又有可靠的人带……夜间她在浴室灯下看见抽水马桶里的男胎，在她惊恐的眼睛里足有十寸长……一双环眼大得不合比例，双眼突出，抿着翅膀，……恐怖到极点的一刹那间，她扳动机钮。以为冲不下去，竟在波涛汹涌中消失了。（张爱玲《小团圆》）

1956 年 8 月，相识半年的他们来到纽约结婚，证婚人还是炎樱。炎樱做了她两次证婚人。

初婚的生活是甜蜜的却是短暂的，婚后才两个月，赖雅再次中风，这次很厉害。张爱玲哭得很凶，担心他撇下自己独品人间孤独。看着为自己担心的妻子，赖雅对她说："我不会轻易死去，一定要活着继续陪你。"

赖雅是个粗线条的男人，又爱交朋友，这点和张爱玲相反，但是两人仿佛心有灵犀，对方一句话还没有说完，另一人已经知道他（她）要说什么，真是难能可贵。

他们婚后的生活过得很拮据，常常为钱发愁。有一次，爱玲梦见一位不认识的作家有了很大的成就，相比自己的创

作困境，醒来后很是伤感。这个当年喊着"成名要趁早"，
要"比林语堂还出风头"的上海滩才女，因为东西方文化的
差异，她的写作风格不符合美国文化，在异国他乡，自己的
作品一再被退稿。伤感之余，她哭着把梦境告诉了赖雅。

　　在这样艰难的日子里，赖雅与爱玲是彼此的依靠。在艰
辛的生活中，生性风趣幽默的赖雅也不忘寻找乐趣。有一次，
赖雅的朋友送来一只山羊。赖雅知道张爱玲不喜见生人，和
她开玩笑说，家里来了一位客人，让她出来看看。不管赖雅
好说歹说，张爱玲拒不见人。发现这个冷笑话不管用，赖雅
只得告诉她这个客人是一头山羊，张爱玲才肯出来见这位不
速之客。

　　张爱玲 38 岁生日那天，从平时与妻子的聊天中了解到中
国人习惯过阴历生日时，赖雅推算出张爱玲的阴历生日，给
了她一个意外的惊喜。当日，联邦调查局派人来核查赖雅欠
款一案，为了不破坏张爱玲过生日的气氛，赖雅想办法哄走
调查员。后来，两人在温馨的气氛中吃完饭，又去看了一场
电影；散场后牵手回家，又吃了剩下的饭。

母亲离世

我没赶上看见他们，所以跟他们的关系仅只是属于彼此，一种沉默的无条件的支持，看似无用，无效，却是我最需要的。他们只静静地躺在我的血液里，等我死的时候再死一次。我爱他们。（张爱玲《小团圆》）

张爱玲身上流淌的血液有长辈的，更有父母的。她的绘画才华来自母亲的遗传，文学才能来自父亲的遗传，父母迥然不同的性格和爱好有了多才多艺的张爱玲。

为了去圣约翰读书张爱玲向父亲要学费后，父女再无来往。对张爱玲小时候写的作文甚感得意的张志沂，当女儿在上海滩大红大紫时，尽管没有联系，但是只要发表有张爱玲文章的报刊他都买回来看，血浓于水的亲情总是无法彻底割绝。

张爱玲曾说："二叔怎么会伤我的心？我从来没爱过他。"1953 年，这个一生没有与女儿和解的男人在上海病逝。这一年，也是张爱玲到达香港的第二年。

话虽如此说，但是没人知道获知父亲的死讯时，张爱玲是否真的心如止水？而张志沂临终前，是否想起和女儿一起读书、一起拉家常、帮着撰写章回小说目录的人生片段呢？没有联系的父女各自生活在自己的世界里，谁也不知彼此的情况，没有道别地永别了。

时隔四年，1957 年 8 月，在英国病危的黄逸梵给张爱玲写了一封信，希望能在临终前见女儿一面。生活拮据的张爱玲连一张去英国伦敦的机票都买不起，只给母亲寄了一张 100 美元的支票。一个月后，黄逸梵在英国伦敦病逝，享年 61 岁。

黄逸梵去世后，有人把她留下的遗物寄给张爱玲，除了一大箱子古董，还有一些家具。张爱玲没有去见母亲最后一面，却对母亲的去世极度悲痛，由此生了一场大病。生病期间，她想起母女间的种种往事，没有勇气打开这箱古董，仿佛看到母亲的遗物就证实了母亲的死亡，而不见还抱有一丝幻想。

两个月后，张爱玲开始整理母亲的遗物。"当箱子打开时，整个房子充满悲伤的气息"，赖雅用这样的方法来描述黄逸梵去世带来的悲伤，徘徊不去的哀痛在每一件遗物上。当看到黄逸梵的照片时，张爱玲的悲伤到达顶端，照片中黄逸梵微翘的嘴唇极富生命力，怎么也无法让人联想到照片里的人已经离开人世。

大家普遍认为，孩子在童年的成长期中母亲至为重要，父亲次之，尤其是 3 岁之前；随着年龄的增长父亲的角色越来越重要，进入青春期时父亲的陪伴尤为显要，父母在孩子不同的人生期扮演不同的角色是最佳搭配。

黄逸梵第一次出国时张爱玲 4 岁，离家前她很重视女儿的教育，那时一早让女用人把张爱玲抱到她床上去，教她背唐诗，下午教她认方块字，记住后就给她吃两块绿豆糕。

问母亲要钱，起初是亲切有味的事，因为我一直是用一种罗曼蒂克的爱来爱着我母亲的。她是位美丽敏感的女人，而且我很少机会和她接触，我四岁的时候她就出洋去了，几次回来了又走了。在孩子的眼里她是辽远而神秘的。（张爱玲《童言无忌》）

小时候，爱玲是用崇拜的眼光看待母亲，这个敢用三寸金莲去阿尔卑斯滑雪的女人身在国外，心系一对小儿女。在英国时，她不时给张爱玲姐弟寄送衣服和玩具；当丈夫驱走姨太太时，一声召唤又从异国他乡赶回来；一到家看到女儿穿着紧凑的衣服时，第一句话就是"怎么给她穿这样小的衣服"，没过几天就做了新衣服……

黄逸梵对张爱玲的爱在某些阶段是丰盈的，想着女儿该受群体教育就和丈夫据理力争，最后像拐卖人口一样把她送进美国教会主办的黄氏小学，如果不是望女成凤，她又怎会如此强悍？离婚时，她又在协议上写明要张爱玲的教育权，有权建议女儿去哪里读书。当张爱玲被父亲软禁时，她偷偷让人捎消息给女儿，让她选择跟父亲生活还是跟自己；当张爱玲跟她生活后，为了女儿能考上伦敦大学，又专门给她请了一个犹太人在家里辅导……

在女儿和儿子间，黄逸梵选择了女儿，可是因为经济拮据母女间的情感逐渐破裂，金钱成为消耗母女情感的罪魁祸首。在母亲不耐烦的呵责和难看的脸色中，张爱玲决定等以后能挣钱时，要把母亲投在自己身上的钱全部还给她。最后她确实这样做了，那次轮到黄逸梵伤心，当母女间的亲情用金钱来偿还时，这已不是亲情，是交易。这样做时张爱玲也不快乐，双方都被伤害，张爱玲对镜子中的自己说："反正你将来也没有什么好下场。"

每个人都曾经是孩子，当我们终于长大，不管和父母的感情如何破裂，父母总会在不知不觉间给我们留下些什么。比如黄逸梵最后留下的古董改善了张爱玲暂时的生活困境，赖雅在日记中提到，最大的一笔古董交易得了 620 元。父母在孩子身上留下的除了身外之物，还有气质和性格秉性，张爱玲在《对照记》里的第二张照片上这样写道：

> 我第一本书出版，自己设计的封面就是整个一色的孔雀蓝，没有图案，只印上黑字，不留半点空白，浓稠得使人窒息。以后才听见我姑姑说我母亲从前也喜欢这颜色，衣服全是或深或浅的蓝绿色。我记得墙上一直挂着她的一幅油画习作静物，也是以湖绿色为主。遗传就是这样神秘飘忽——我就是这些不相干的地方像她，她的长处一点都没有，气死人。（张爱玲《对照记》）

张爱玲文字里说着"气死人"，但读起来却没有一丝生气的味道，反而带有一种孩子气的娇嗔。母女间一世恩怨，终于在一箱遗物与一场大病里冰释前嫌。

客居他乡

人的秉性习惯很多时候是矛盾的，不喜交际的张爱玲却不喜欢生活在清净的地方。1958 年，生活在安静的萨拉托卡泉小镇的张爱玲开始向往起都市的喧嚣，向赖雅提出去别的城市居住。赖雅已经依恋上这个女人，一切听从她的安排。

这次张爱玲申请的是位于洛杉矶南加州的亨顿·哈特福基金会，是和麦克道威尔类似的文艺营，是 AP 超级市场后裔办的一个文艺作场。张爱玲写信请胡适做担保人，在信中提到自己结婚一事，也说到已经完成的小说《粉红的眼泪》的命运。《粉红的眼泪》按计划如期完成，在投稿给出版英文版《秧歌》的司克利卜纳出版公司时被退回，编辑在附信中说，这是他看到过的最糟糕的小说，里面所有人物都乱七八糟。编辑的附言对张爱玲是个沉重的打击，但她打算在新的文艺营里进行修改后再投稿，并告诉胡适《五四遗事》将发表在《〈记者〉杂志》上。

《金锁记》被国人称为张爱玲的经典代表作，《粉红的眼泪》是以《金锁记》为原型进行改写的长篇小说，写作初期张爱玲对它抱有很大期望，没想到落得个悲剧结果，张爱玲为此病倒。这部张爱玲寄予厚望的作品直到 1967 年才由英国凯塞尔出版社出版，几度易名后已改名为《北地胭脂》。

对于张爱玲让他作保，胡适爽快地答应了。

他答应了，顺便把我三四年前送他的那本《秧歌》寄还给我，经他通篇圈点过，又在扉页上题字。我看了实在震动，感激得说不出话来，写都无法写。写了封短信去道谢后，不记得什么时候读到胡适返台消息。（张爱玲《忆胡适之》）

1958 年 4 月，胡适返回台湾，就任中央研究院院长一职，也就是说胡适在给张爱玲回信后不久就返台了。尽管《粉红的眼泪》出版之路颇多坎坷，但是张爱玲依然笔耕不辍。

7 月份下旬，张爱玲夫妻收到亨顿·哈特福基金会的通知，但要到 11 月 8 日以后才能入住。结婚后，两人的感情越来越深，赖雅甚至已经视张爱玲为上帝送给他的礼物。7 月 26 日是赖雅 67 岁的生日，年近古稀的赖雅几度中风，健康一日不如一日。

想到生命如风中蜡烛随时可能熄灭，那天和张爱玲一起过完生日，为了表达对妻子的感激之情，赖雅在生日当天写下遗嘱：他的全部个人物品都留给张爱玲。

从某种角度来说，没有经济收入来源身体又不好的赖雅是"无用之物"，但是他与华莱士·史蒂文斯、贝托尔脱·布莱希特两位世界级文学大师有着大量往来信件，这些信件对研究两位大师有着极大的用处。赖雅把这些宝贵的书信留给张爱玲，说明他对张爱玲已极度的信任与依赖。

这期间在香港的宋淇给张爱玲发来一份电报，希望她为自己任职的香港电影懋业公司写剧本。张爱玲随之写了《情场如战场》《桃花运》《人财两得》《小儿女》等电影剧本。

张爱玲最喜欢的还是写小说，这些电影剧本的稿费却可以维持夫妻俩的生活，其中《情场如战场》甚至打破了香港当时华语片的纪录——获得金勋奖章，几年后由王天林导演的《小儿女》也在1963年的金马奖上获得最佳剧情片奖项。真是"有心栽花花不开，无意插柳柳成荫"，在《粉红的眼泪》屡遭退稿时，她的电影剧本创作却节节高攀。

1958年10月下旬，张爱玲夫妻收拾行李去亨廷顿·哈特福德（Huntingtom Hartford）文艺营。这里终年有着树叶茂密的大树，四季开不败的鲜花，临窗而立能看到烟波浩渺的太平洋。张爱玲喜欢这里的幽雅环境，离洛杉矶市区又不远，在十里洋场的大上海长大的张爱玲喜欢繁华，喜欢橙黄色，告别萨拉托卡泉小镇来到这里，哪怕只是在街上走过，看看橱窗里面多彩的服饰也是一种不错的享受。

有一次，张爱玲用邝文美寄给她的布料做了一件衣裳，又取出母亲留给她的一块绿色围巾披在身上，在赖雅面前走来走去，然后兴冲冲地赶到摄影家雪尔维亚·史蒂文森那里拍了几张艺术照。

赖雅看着张爱玲脸上孩子般满足的笑容十分费解。这是因为他没有亲历过眼前这个女人曾锦衣华服的繁丽，在上海滩大红大紫时穿着奇装异服行走在街上引得后面的孩子一路跟踪，去印刷厂时又因为她的服装整个印刷厂的工人都停下来看她。"如果你认识从前的我，那么你就会原谅现在的我。"现在的张爱玲已然不是当初的张爱玲，可是不管时光怎样流逝，对繁华的追求还是当初的模样。

而此时的赖雅时不时落寞地望向比弗利山上，那里坐落着好莱坞影视城。年轻时他是个才华横溢的剧作家，好莱坞很多导演都与他有不错的交情，他在那里散尽家财，落得疏财仗义的好名声。时过境迁，那里的热闹不再属于自己，属于自己的只有陪在身边的这个中国女人。

赖雅还是和以前一样喜欢社交，在空闲的时间里和文艺营的营友们聊天、打牌、游玩。而张爱玲还是和以前一样，白天在工作室写作，傍晚时分才走到人群聚会的地方，静静地站在人群之外，面对喧嚣的人群依然活在自己的世界中。

1959 年 5 月，他们在亨顿·哈特福文艺营的居住期满，两人搬到旧金山，用 70 美元月租在布什街 645 号租了一套公寓。

1958 年 12 月，在日本的胡兰成给张爱玲寄了自己的著作《今生今世》的上册，又在 1959 年的 9 月给她寄了《今生今世》的下册。很懂女人的胡兰成以为只要他愿意，张爱玲还会像以前一样"低到尘埃里"，随附的信中不乏几丝挑逗。看了胡兰成带有撩拨的信，第一次张爱玲没有理睬，第二次寄给他一张便笺，淡淡地说，自己很忙，没有时间写信，以后也不会再给他回信。

从张爱玲的信中看到整段文字都洋溢着冷漠，胡兰成终于清醒地意识到，那个在晨色里揽着他脖子哀怨地喊出"兰成"的女子，随着那个清晨的离别与自己永远地告别了。

1959 年 11 月，张爱玲收到美国政府同意她入籍美国的通知书。她开始准备各种繁杂的手续，一直断断续续忙碌到次年的 8 月份。1960 年，她终于正式成为美国公民。

1961 年，宋淇邀请张爱玲给电影懋业公司写《红楼梦》剧本，张爱玲眼前浮现起当年在香港时常与宋淇聊《红楼梦》的情景。想到这几年在美国出版一直不顺，主要经济来源是给电影懋业公司写剧本，她觉得有必要再次去趟香港，可以一边写剧本，一边和宋淇探讨《红楼梦》。

在办理入美籍手续时，张爱玲偶尔发现一家英国海外航空公司，曾打听过去香港的机票要 1000 美元。那时他们刚搬到旧金山，手头不宽裕，没有这笔额外开支，这个计划却一直没有放弃。

去香港前，张爱玲想绕道台湾。她打算写一本英文小说《少帅》，主人公为张学良，希望能从台湾当局了解到一些相关信息。

行程确定下来后，张爱玲和赖雅说了自己的出行计划。这时赖雅的身体状况极差，想到这些年自己不能赚钱，一直靠妻子的稿费维持生活，几近废人，听到她要离开，有一种被遗弃的感觉，黯然神伤。

张爱玲向赖雅提议，她不在的日子让他住到女儿霏丝那里去。霏丝和张爱玲年龄相仿，在华盛顿芭蕾舞学校担任行政管理员。住在旧金山的这段时间，霏丝常来他们家中走动，偶尔还会小住，不愿有继母的张爱玲没想到自己成了继母。她和霏丝相处得不错，有时会带霏丝去吃中国菜。前半生视家庭为羁绊的赖雅，老年时很享受这种家庭之乐，对霏丝的到来感到由衷的高兴。

张爱玲要走，已经习惯依赖她的赖雅心情低落。张爱玲只能一次次地向他解释，告诉他自己一定会回来，催赖雅给女儿写信。看着神色坚定的妻子，赖雅知道无力改变她的决定，惨然提笔，站在一旁的张爱玲看着满脸忧伤的赖雅，忍不住落下泪来。赖雅在当天的日记中写道："好，我很满足现状，她却要改变！"

张爱玲走的那天，赖雅去机场送行。看到飞机冲入云霄，赖雅的心也像丝丝缕缕的白云无根地飘荡。她说她会回来，可是谁知道何日是归期？

1961年10月13日，张爱玲抵达台北，这是她1955年离开香港后再次踏上祖国的土地，这个完全陌生的岛屿，她只在地图上看到过。

这次来台湾，接待她的是在香港认识的朋友麦加锡。麦加锡如今是美国驻台北领事馆文化专员，同时负责美国新闻署工作。这次吸引张爱玲来台湾的除了想收集一些有关《少帅》的资料，还有一种原因是台湾出了第一批"张迷"。

中国著名文学评论家夏志清在他的英文代表作《中国现代小说史》中发掘并论证了张爱玲的文学史地位，把她放到很高的位置上，对她做出三大断语：一、是"今日中国最优秀最重要的作家"；二、《金锁记》是"中国从古以来最伟大的中篇小说"；三、《秧歌》在中国小说史上是"不朽之作"。

夏志清的哥哥夏济安正在台湾大学外文系当教授，《中国现代小说史》中关于张爱玲的章节还没出书，他把这些章节翻译出来，以论文形式先行发在台北《文学》杂志上。夏济安的学生中有白先勇、王文兴、欧阳子、陈若曦等后来成为台湾现代文学运动中坚力量的一批人，这些人受夏教授的论文影响，找来张爱玲的小说先睹为快，把她视为偶像。

来台那天，麦加锡夫妻在台北国际戏院对面的大东园酒楼为张爱玲接风，当天作陪的有白先勇、王文兴、欧阳子、陈若曦、王祯和、洪智惠等一批台大学生，这群年轻人正在办《现代文学》杂志。麦加锡喜欢文学，在《现代文学》每刊销量只有 2000 册的情况下，他一人订了 700 册。他和张爱玲是老朋友，来台湾就安排了大家这次吃饭见面会。

原本约定吃饭时间是中午 12 点，大家准时来了，主角却未到。大家没见过张爱玲，纷纷猜测她的长相。

陈若曦问一向对女人特具眼光的白先勇："你想她是胖的还是瘦的？"白先勇毫不考虑地说："她准是又细又瘦。"洪智惠说："我想她不胖不瘦。"陈若曦看过张爱玲的《流言》，认为她应该像里面的女子具有燃烧的生命力，这样的女子应该是丰满而又性感的，所以她说："她一定是既丰满又性感。"麦加锡笑着对大家说："她又胖又邋遢。"得到这个答案，大家耷拉下脑袋，想到自己的偶像如此，很是受伤。

这时，姗姗来迟的张爱玲终于出场了。当她出现在大众视线时，大家眼前一亮，哪里邋遢啊——不胖，高挑，干干净净，清清爽爽。或许是因为麦加锡的"欲扬先抑"，张爱玲在他们眼里是既高贵又美丽。

她真是瘦，乍一看，像一副架子，一由细长的垂直线条构成，上面披了一层雪白的皮肤；那肤色的洁白细致很少见，衬得她越发瘦得透明。紫红的唇膏不经意地抹过菱形的嘴唇，整个人，这是唯一令我有丰满的感觉的地方。头发没有烫，剪短了，稀稀疏疏地披在脑后，看起来清爽利落，配上瘦削的长脸蛋，颇有立体画的感觉。一对杏眼外观滞重，闭合迟缓，照射出来的眼光却是专注，锐利，她浅浅一笑时，带着羞怯，好像一个小女孩。嗯，配着那身素净的旗袍，她显得非常年轻，像个民国二十年左右学堂里的女学生。浑身焕发着一种特殊的神采，一种遥远的又熟悉的韵味，大概就是30年代所特有的吧。（陈若曦《张爱玲一瞥》）

在宴席上，张爱玲很少说话，即使说话声音也是轻的，说的是英语，语速缓慢，这是张爱玲一贯的作风，在人多的地方她不习惯说话。

《现代文学》出刊时麦加锡都会寄给张爱玲，不过她只收到过两期。她在《现代文学》上看过王祯和的小说《鬼、北风、人》，对里面描写花莲的风土人情特有兴趣。这次来台湾前，她和麦加锡通信时说，很想去那里看看。麦加锡提前联系到作者王祯和，这次花莲之行由他作陪。第二天，王祯和带着张爱玲去了花莲。

几乎所有作家，对陌生的一切都抱着极大的好奇心。去花莲途中，张爱玲看到几个穿着朴素又活泼的妇女，猜测她们应该是小学老师；在花莲街上闲逛时，看到妓女在店里跳曼波，张爱玲对妓女产生了兴趣，结果妓女坐在嫖客的腿上也看她，互相观察，各得欢喜；参观酒楼时，酒客对她比对酒女还有兴趣，邀她入座共饮；看到城隍庙里的白瓷砖，她想到了白色的浴场……花莲是台湾最后几个被汉人移居的地方之一，古称"奇莱"，极富异域色彩，张爱玲对这里的一切都感到新奇。

王祯和是花莲人，她住在王祯和家。王祯和母亲把小说《鬼、北风、人》里面写到的当地风味小吃一一做给张爱玲品尝，喜欢不喜欢只有她知道，王祯和一家对她的心意却由此可鉴。

原本计划从花莲下台东、屏东，到屏东参观矮人祭后再到高雄，然后回台北。他们到台东时，有人告诉张爱玲，赖雅在家再次中风，于是他们直接从高雄搭车回到台北。张爱玲在麦加锡家打电话到美国了解赖雅的病情，觉得目前还无大碍，决定按计划去香港，完成《红楼梦》剧本后再做定夺。这次台湾之行匆匆结束。

　　从台北飞往香港的飞机上，张爱玲看着窗外的蓝天白云，心情并不轻松，此次来台湾，虽然认识了一些台湾青年作家，但是对小说《少帅》的创作没有一点帮助。她向台湾当局申请，希望能获知一些张学良的近况，遭到拒绝。

　　想到此行主要目的是为写《红楼梦》电影剧本，她的心情稍微好一点。《红楼梦》一直是她喜欢的读本，每过一阵子重新阅读都会有新的感受。能为自己喜欢的作品写剧本，这是一件高兴的事，何况宋淇还在信中和她提到过，《红楼梦》剧本的稿酬有 1600 ～ 2000 美元，这是一笔不小的款项。

　　到达香港，张爱玲从一个上海老太太租的公寓里分租了一间房子。公寓屋顶有个大阳台，晚上她常上去走走，那阳台大得她团团走一圈就够累。站在阳台上，看到"满城的霓虹灯混合成昏红的夜色，远远的地方躺着大陆，能听得见它的呼吸"，这是她最后一次看到自己的祖国。

这次再到香港，别后不满十年，香港的变化却很大。到处都在拆迁，新建的都是白色的大厦；外省人都已同化，孩子们说着广东话，再不肯说家乡方言；大家都过圣诞节，孩子们在学校里互赠圣诞礼物……

一到香港，张爱玲很快投入工作中，这次先不说时代是不是仓促，即使她个人也怕是等不及：一是希望尽快挣钱，二是她一到香港，赖雅便来信催她回家。她只能鞭挞自己：快，快，迟了就来不及了，来不及了！

赖雅的信源源不断地寄到香港，怕他担心，张爱玲每信必回，可惜前五封信她写错了地址没有寄到，直到第六封信才联系上赖雅。1962年1月5日，张爱玲在给赖雅的信上说，如果我能赶上2月30日的班机，就能在3月初到家。

她不大认识路，在从前她每次出门总是坐汽车时多，她告诉车夫到哪里去，车夫把车子开到目的地，她下车去，根本不去注意路牌子。有一次她让我到工部局图书馆去借书，我问她怎么走法，在什么路上，她说路名我不知道，你不要觉得奇怪，我们国学大师章太炎先生也是不认识路的。大概有天才的人，总跟别人两样点吧。（张子静《我的姐姐张爱玲》）

可惜 2 月没有 30 日，就像她小时候坐了几次家里的汽车却总记不住车牌号；去过好几次图书馆却说不上在哪条路上；她在生活中显露出惊人的愚笨，常常连常识都不懂。

在香港的这段时间，张爱玲过得很苦。几乎每天从早上十点开始写，一直写到筋疲力尽她才肯停笔，这时差不多已是第二天凌晨。每天工作时间过长，过度疲劳的眼睛犯了眼疾，张爱玲去医院看病，医生建议她注意用眼，多多休息。可是这个时候她怎么能休息呢？只能把医生的话放在一边，继续废寝忘食地写作。

俗话说祸不单行。她坐得太久，缺少运动，双腿因为血液不循环开始肿得越来越厉害，双脚塞不进原先的鞋子。而她手头的钱除了付房租和对付生活日常，已没有多余的钱买鞋子，更不要说给自己买一套在家里穿的睡衣。生活的困境她能咬牙坚持，让她万万没料到的是更大的打击还在后头。那年冬天，她像冬眠的动物一样足不出户，一直躲在房间里写《红楼梦》剧本，当上下集剧本完成时，得到的却是审核不过的消息。

张爱玲是宋淇邀请来为公司写剧本的，为防嫌疑，出面处理此事的是宋淇的两位领导，给出的审核结果是剧本写得不够好。张爱玲认为这是宋淇对自己的剧本不满意，碍于情面让他的领导出来说话。对这个结果张爱玲很生气，在给丈夫赖雅的信中专门说了这事：

> 宋淇今天找我，带着怒气，态度冷峻，他们认为我为了
> 赶时间，交出来的剧本太草率，好像我欺骗了他们！宋说在
> 我走之前他们会付给我新写的那一个剧本的钱，言下之意是
> 我为《红楼梦》写的上下两个剧本的钱，他们不会给我！我
> 说我愿意在回美国之后重新修改，他也没有表示同意。他们
> 担心邵氏公司会抢先拍摄《红楼梦》，似乎有意要放弃这个
> 案子……元宵节前夕，红红满月，我走到屋顶思索。他们不
> 再是我的朋友了。（张爱玲《张爱玲书信录》）

稿子审核没通过，几乎给了张爱玲致命的打击。整个《红
楼梦》剧本的写作过程，她独自承受的压力和孤独是常人无
法理解的，"工作了几个月，像只狗一样，却没有得到一分
酬劳"，换作是谁都要接近崩溃。

后来，宋淇儿子宋以朗猜测，当时电影懋业公司与邵氏
公司都在抢拍《红楼梦》，很有可能邵氏公司动作更快，电
影懋业公司只能放弃，以剧本不行为由抵赖创作费。

这件事让张爱玲和宋淇夫妻间的友谊出现短暂裂痕，值
得庆幸的是，紧接着宋淇为她揽到《小儿女》《南北一家亲》
等其他剧本。她再次投入到没日没夜的写作中，偶尔向邝文

美抱怨，说自己"比鬼都不如，鬼白天还能休息"，可是这趟香港之行，总算没有完全跑空，还是挣了不少钱。

在赖雅的一再催促下，张爱玲在 3 月 16 日离港回美，两天后到达美国。迫不及待想见到妻子的赖雅竟然在 3 月 17 日去了机场，一场欢喜换成空。第二天，赖雅在霏丝的陪同下再次来到机场。当看到久别的妻子活生生地站在自己面前时，老泪纵横的赖雅深情地拥抱了她，庆幸自己没有看错人。

这次后，他们再没有生离。赖雅对张爱玲越发依赖，常常在她沉睡时痴痴地看着她的脸，她的脸在他眼前幻化成一朵娇艳的花。

第七卷

繁花散尽泪倾城

对弈的人已走，谁还
在意推敲红尘之外的
一盘残棋？

尘缘情断

　　张爱玲前往台湾和香港地区参加活动的目的，是想为自己之前一直停滞不前的写作找素材，希望在创作上有新的发展和崛起，可惜未能如愿，这次访问是她一生最后一次亲近祖国的领土。

　　赖雅已经在位于华盛顿第六街一个名叫"皇家庭院"的地方新租了一套公寓，和霏丝家很近。从机场回家后，赖雅带着爱玲看公寓的附近，就像孩子与父母分享自己的喜悦。看着眼前头发全白的赖雅走起路来摇摇晃晃，老态尽显，张爱玲鼻子一酸，眼睛里溢出温暖的液体。

　　离开香港前夕，张爱玲在香港饭店约见一个亲戚。两人在大厅里喝了会儿茶，聊了会儿天，八点多时张爱玲和亲戚告辞，说要去后面一条有很多金铺的街上买点廉价的金饰送人。在亲戚眼里张爱玲是个老香港，听说她要买东西送人甚感惊讶。张爱玲没有解释，道别后独自走向灯光黯淡的后街。

当天晚上，赖雅带着张爱玲去霏丝家。张爱玲拿出在香港给大家买的礼物。孩子们拿着来自异国的礼物，愉快地围绕在他们身边，赖雅和他们开着玩笑，说着故事，沉浸在天伦之乐中。

在他们居住的附近有一个建于1800年的大型国会图书馆。赖雅在图书馆申请到一个桌位，平时在那里翻阅资料和写作，张爱玲已经着手写《少帅》，需要翻阅很多资料，也申请了一个桌位，两个桌位就在一起。写累了，两人牵手到图书馆外散散步、说说话，日子平淡无奇却过得云淡风轻。

1962年底，赖雅因为疝气去医院做手术，年龄大，恢复慢，好长时间后才能走动。第二年7月，赖雅在去图书馆的路上不小心摔断股骨，瘫痪在床，这个年轻时向往自由、不受羁绊的才子完全失去了自理能力。

许多前年，张爱玲曾在胡兰成面前表露过自己对西方人的恶感，她说："西洋人有一种阻隔，像月光下一只蝴蝶停在戴有白手套的手背上，真是隔得叫人难受。"这时的她，每天手忙脚乱地面对一个大小便失禁的西方人，恐怕连厌恶的时间都没有了。

张爱玲一边照顾赖雅，一边继续写作。这期间发生了一件令她万分沮丧的事——弄丢了正在写的《少帅》手稿，这让她难受了好几个月。看着伤心的妻子，躺在床上的赖雅已心有余而力不足，只能心疼地用目光一次次抚摸她。

张爱玲的小说在美国出版一直不顺，在宋淇的帮助下接一些电影懋业公司的剧本，断断续续的剧本稿费占了她收入的大部分。1962年6月20日，第11届亚洲影展在台湾举办，电影懋业公司的创办人陆云涛携带新婚妻子、电影懋业公司高层共计57人搭乘飞机前去参加活动，回程时飞机坠落，陆云涛等57人全部罹难。这场变故让香港电影懋业公司走向末路，宋淇另谋生路，张爱玲也断了此条财路。

为了生计，爱玲向迈阿密大学申请驻校作家。申请通过后，她带着赖雅离开华盛顿公寓来到迈阿密大学。在这里生活了几个月，她的写作事业还是停滞不前，不得不另找去处。

这次她找到刚刚恢复联系的夏志清，让他帮忙推荐自己去哈佛大学雷德克里女子学院。征得该校同意后，1967年9月，张爱玲携带赖雅来到哈佛大学。这时，张爱玲接受了洛克菲基金会的资助，开始翻译她一直推崇的晚清小说《海上花列传》。翻译这本书时，她想起胡适：

直到去年我想译《海上花》，早几年不但可以请适之先生帮忙介绍，而且我想他会感到高兴的，这才真正觉得适之先生不在了。往往一想起来眼睛背后一阵热，眼泪也流不出来。要不是现在有机会译这本书，根本也不会写这篇东西，因为那种怆惶与恐怖太大了，想都不愿意朝上面想。（张爱玲《忆胡适之》）

胡适于 1962 年 2 月 24 日在台北病逝，离此时已经过去了近五年。人从虚无中来，到虚无中去，生老病死是自然现象，没人能够抗拒。躺在床上的赖雅知道自己来日不多，哀伤地写下"死亡一样的重击，心脏被重创，身体在发抖，闭上眼，有如长眠，不再醒来"的句子。

1967 年 10 月 8 日，赖雅陪张爱玲过完第 47 个生日后，这个对张爱玲的生命有着特殊意义的男人走了，恋恋不舍地抛下心爱的妻子独自去远行，去往一个没有痛苦、没有疾病的国度。

再没有心心相印的人出现，世界只剩下她一具孤独的肉体。那日，是中国阴历九月初五，西天的一弯峨眉月不言不语地看着这一切。

"我们都老的时候，我希望——还能吻着你的牙床，直到永远……"这是张爱玲小说里的文字，现实中的她再也不能吻着他的牙床，永远有多远，没人能够告诉她。他走了，没有举行葬礼，张爱玲把骨灰留给了霏丝。他们的遇见只是一个华丽而又苍凉的手势，尘缘情断，张爱玲转身独自上路。

英国有句谚语说："没有人是座孤岛。""我有时觉得，我是一座岛。"张爱玲说，"人生是在追求一种满足，虽然往往是乐不抵苦的。"这一年，赖雅 76 岁，爱玲 47 岁，从 1956 年相识到 1967 年死别，两人携手走过了 12 个春秋。

赖雅去世后，张爱玲想找一份不太忙的工作赚点钱。1969 年，加州大学伯克利分校"中国研究中心"语文部刚好需要一个资深研究员，原本这个职位是夏志清的哥哥夏志安的，可惜夏志安英年早逝，年仅 49 岁的他在 1965 年病逝任上。

夏志安病逝后，他的职位由得意门生庄信正接替。1969 年 7 月，庄信正另有他就，夏志清向在伯克利大学主持"中国研究中心"工作的陈世骧教授推荐了张爱玲。陈教授听说过张爱玲的才华，惜才的他考虑都没考虑这个职位是否适合她，就同意张爱玲去那里上班。

语文部门只有两名工作人员，其中一个是台湾学者陈少聪，在职位上是张爱玲的助理。陈少聪是个不折不扣的"张迷"，张爱玲的作品全都看过，听说张爱玲来研究中心上班，为自己有机会和偶像近距离接触而心中窃喜。

张爱玲来研究中心上班的前几天，陈教授在家里设宴，宴请了一些同事，介绍大家认识新同事。这是陈少聪第一次看到张爱玲，席间，她偷偷地打量着自己的偶像：

她不主动找人说话，好像总在回答别人的问题。说话时脸上带着浅浅礼貌性的微笑。她穿着一袭银灰色带暗花的丝质旗袍（后来她一直都穿颜色保守的素色旗袍）。那年她四十九岁。身材偏高，十分瘦削。中度长短的鬈发，看得出是理发师的成品。她脸上略施了些粉，淡红的唇膏微透着银光。（陈少聪《我的同事张爱玲》）

研究中心的工作时间比较灵活，只要年底能交出论文就行，像张爱玲这样的大牌作家时间更是自由。她常常是午后才去上班，等别人都下班了还在。只要进了办公室，她就不再出来，即使大家在一起上班，同事们也很难看到她。有个叫刘大任的研究生开玩笑说："张爱玲是咱们研究中心的灵魂。"此话一语双关。

大家只是偶然在幽暗的走廊一角惊鸿地瞥见她一闪而过的身影。她经常目不斜视，有时面朝着墙壁，有时朝地板。

只闻窸窸窣窣、跌跌冲冲一阵脚步声，走廊里留下似有似无的淡淡粉香。（陈少聪《我的同事张爱玲》）

不要说其他同事不太容易见到她，助理陈少聪也见不了她几次。张爱玲和陈少聪在同一间房子里办公，推门进去，首先是陈少聪的办公室，里间是张爱玲的。

每天下午张爱玲来上班，看到陈少聪，和她微微一笑，算是打招呼，进入自己办公室后，整个下午不再出来。作为她的助理在工作上难免有些需要交代，陈少聪敲门进去，张爱玲总是局促不安地站起来听她汇报，眼睛仿佛看着她，又仿佛没看她，弄得陈少聪也不自在起来，只想尽快交代完毕，快步走出她的办公室。

为了避免这种尴尬，等需要交资料时，陈少聪干脆把要的资料用橡皮筋扣好，再在上面放张小纸条，把要说的话写在上面，趁没人时放到她办公桌上。张爱玲倒也好，一次都没有叫过陈少聪，那资料能不能用也就无人知晓了。

陈少聪体恤她，为了避免见面时的尴尬，她摸准张爱玲来上班的时间点，干脆自己先去其他办公室或图书馆，更省了她应酬的力气。

有一次，陈少聪听说她生病了，打电话去询问是否需要买药，得到意料中的婉拒。陈少聪还是不放心，根据她的症状去药房配了点药，送到她的住处，敲了敲门，挂在门把上走了。

张爱玲病愈后来上班，陈少聪的书桌上多了一瓶香水，下面压着一张写有"谢谢"两字的纸条。陈少聪醒悟过来，原来张爱玲是个彻底与俗世隔绝之人，她不再妄想和她有深谈的机会，只是眼前浮现出一幅荒漠的意象画：

在一片空芜广袤的荒漠上，天荒地老，杳无人迹，所见仅仅是地平线尽头一轮明月，孤零零冷冷清清地兀自照着，荒漠上只见张踽踽独行的背影。私底下我曾一再渴望她偶尔回眸，发现有一双真挚忠诚的目光正追随着她。这当然是我一厢情愿之想，其实张先生早已拂袖奔月去了。（陈少聪《我的同事张爱玲》）

几乎与世隔绝的张爱玲在加州大学时意外热忱地接见过一个人，那是美国哈佛大学的教授詹姆斯·莱昂，这位教授当时想写世界著名戏剧家布莱希特的传记。布莱希特生前是赖雅的好友，这本传记里有重要篇幅涉及赖雅。詹姆斯·莱昂在打听赖雅时，得知他已经离世，但当知道他的遗孀在加州大学时便追了过来，希望能在张爱玲这里获得一些有关布莱希特的资料。

詹姆斯·莱昂第一次求见张爱玲时遭到拒绝，他守在研究中心门口，希望张爱玲晚上下班后能见上一面。当张爱玲知道他是为了写布莱希特的传记，一改平时拒不见人的冷漠，热忱地接见了他。两人见面后，张爱玲数次写信补充赖雅和布莱希特的事情，每次信末署名总是"您的友人爱玲·赖雅"。在赖雅死后，张爱玲一直都用他的姓。

想与生活握手言和的张爱玲在研究中心的工作不尽如人意。她的工作内容是研究当时的"中共术语"。1970年前后，中国大陆推出的新术语不多，张爱玲在研究报告中写了一些其他内容。陈世骧看到她递交的研究报告很不满意，"所集词语太少，极为失望"；再给其他三位学者看，大家都说看不懂；连对张爱玲的作品有过很高评价的夏志清看到后也说："她写的论文，我也无法欣赏。"

张爱玲笑着说："加上提纲、结论，一句话说了八遍还不懂，我不相信。"陈世骧听后很不受用，两人不欢而散。

1971年5月，陈世骧突发心脏病离世。张爱玲去参加他的追悼会，只待了几分钟就匆匆走了，这也是张爱玲最后一次在公众场合露脸。陈世骧对她有恩，张爱玲铭记在心上，对于两人间的误会也一直纠结在心，只是陈世骧已死，她再也说不清了。次月，张爱玲被解雇。

一个叫伊北的作者写过一本书，书名是《蚤满华袍——

张爱玲后半生》，他在书中说到两人间的误会："他们都没有错，只是脾性不合，所以注定无法走得更远。一个不说，一个不懂，这就是距离。"

　　咫尺天涯，有的人永远走不到一起。

　　生活在加州时，张爱玲很少出门，连电话都不喜欢打，写信交往的主要是宋淇夫妻，与宋淇夫妻的交流是她对外界的主要倾诉渠道。她像幽灵一样在加州生活，对很多人来说张爱玲只是一个名字而不是具体的存在，她成了影子一样的人。

　　有人说："地球之所以是圆的，是因为上帝想让那些走失或者迷路的人能够重新相遇⋯⋯"1971 年，张爱玲与一个叫水晶的人因缘相遇。

　　水晶，原名杨沂，江苏南通人，15 岁时去台湾，后来求读于台湾外文系，是王祯和的朋友。水晶在台大读书时，台湾正刮起第一阵"张爱玲热"，他是不折不扣的"张迷"，像背课文一样大段背诵她的作品。爱玲前往台湾时，在王祯和家住了一星期，他羡慕不已，老是问王祯和张爱玲在干什么，王祯和让他自己去看，他又不敢。

张爱玲去香港后，给王祯和写信，有一封信上提到自己的住处能听到鸡鸣声。去香港住过的水晶振振有词地说，香港没有鸡，张爱玲在撒谎。王祯和拼命为张爱玲辩护，两个好友为此争得面红耳赤。

王祯和把张爱玲与他母子的合照拿给水晶看，看着相片中的张爱玲，他俩都认为她很年轻，看上去只有二十多岁。水晶拿着这张照片献宝一样拿去给他的女同学看，女同学说像三十多岁，为此还吵嘴。

1970年9月，水晶获得到加州大学伯克利分校进修一年的机会。他认为这是天赐良缘，终于能够弥补在台湾时和张爱玲的擦肩而过。一到伯克利，他满心欢喜地跑去见张爱玲。第一次去拜访张爱玲时，水晶在门口摁了好久的门铃，送话器里才传来一声"Hello？"。听到声音，水晶连忙用英语作了自我介绍，张爱玲听后说："抱歉，我感冒了，不见人。"说完，挂了送话器。

后来，水晶几次试图给张爱玲打电话，总是没人接。直到一个周末的凌晨两点钟，不死心的水晶再次拨出她的号码，这次终于打通了。水晶赶紧在电话里搬出王祯和，并说她居住在王祯和家时很想去看她，可不敢去，结果失之交臂。

张爱玲还是谢绝了见面，却要了水晶的电话和地址，说等确定了见面时间，会给他写纸条，可是左等右等，水晶还是没有等来想要的纸条。

　　一晃，离第一次拜访张爱玲的时间过去了9个月，水晶在伯克利为期一年的进修期将满。马上就要回台湾了，水晶心有不甘，临走前打印出自己写的《试论〈倾城之恋〉的神话终结结构》一文邮寄给张爱玲，算是弥补未见的遗憾。

　　张爱玲看了他写的这篇文章后，倒是立马回了信，说要在他走之前见一面。这个惊喜来得太突然，水晶高兴得几乎要跳起来。1971年6月的一个周末，夜幕降临，时针指向晚上七点半，这是水晶和张爱玲约定的见面时间。张爱玲是时间观念极强的人，在上海时约好的人早几分钟到，还是迟几分钟到，她都会不高兴，一定要卡点。

　　七点半，水晶准时出现在张爱玲的门口。随着敲门声，张爱玲打开门，他终于见到了自己渴望已久的偶像。

　　她当然很瘦——这瘦很多人写过，尤其瘦的是两条胳臂，如果借用杜老的诗来形容，是"清晖玉臂寒"。像是她生命中所有的力量和血液，统统流进她稿纸的格子里去了。她的脸庞却很大，保持了胡兰成所写的"白描的牡丹花"的底子。眼睛也大，"清炯炯的，满溢着颤抖的灵魂，像是《魂归离恨天》的作者艾米莉·勃朗特"——这自然是她自己的句子了。（水晶先生《蝉——夜访张爱玲》）

张爱玲在起居间里接见水晶。起居间很简陋，除了雪白的墙壁，没有任何装饰和照片，迎面有一排落地窗。张爱玲拉开落地窗前的白色纱幔，窗外法国梧桐树上淡黄色的小花在路灯下清晰可见。一般作家总有一张四四方方的大书桌，旁边立着密密麻麻堆满书籍的书架，而张爱玲的房间里连书桌都没有，她认为俯在书桌上写作太正规。

那天，张爱玲穿着一件高领圈的青莲色旗袍，梳着"五凤翻飞"的发式，斜着身子坐在沙发上接见水晶。聊天过程中，张爱玲全程"微扬着脸，逸兴遄飞，笑容可掬"，完全没有水晶想象中拒人千里之外的感觉。

他们的谈话内容很广，从上海作家说到台湾作家，从章回体小说说到现代文学，从张恨水说到沈从文与鲁迅，后来又说到台湾作家聚会，最后说到她自己的作品。这次谈话，她还是挺忧伤的，认为"所有的努力，都是白费的"。

谈话过程中，张爱玲站起来，去厨房给自己泡了一杯速溶咖啡，也给水晶端了一杯。她解释道："我喜欢喝茶，可是在美国买不到好茶叶，只能改喝咖啡。"喝咖啡会上瘾，她一次又一次给自己泡着。

张爱玲在很多小说里都写到月亮，水晶在夜访张爱玲时，顺便问起她的饮食起居。张爱玲说："大概每天中午起床，天亮时休息。"

这是很多作家的生活习惯，这习惯她已保持很多年。她是个与月亮共进退的人，看月亮的次数超过常人的好几倍，她在文字里把月亮写得特别的诗意与玲珑。

夜半无人，私语窃窃，窗外一轮月亮正盈盈地看着室内两个相谈甚欢的人。结束这次谈话时，已是凌晨2：30，他们竟然谈了整整七个小时，这是张爱玲几年中与人谈话最久的一次，第一次与胡兰成相见时，是午饭后去的，谈到五点多，也没有这么久。

临别前，张爱玲拿出一本英文版《怨女》，在扉页上亲笔题字后赠给水晶。她把水晶送到门口，说："这样的畅谈十年难得一次！"

会见张爱玲后，水晶写了《蝉——夜访张爱玲》一文，他在文中把张爱玲比成一只蝉："张爱玲很像一只蝉，薄薄的纱翼虽然脆弱，身体的纤维质素却很坚实，潜伏的力量也大，而且，一飞便藏到柳荫深处。"

历尽世间繁华，她如一只蝉，躲在柳荫深处，踪迹难觅。

红楼梦魇

对《红楼梦》极为痴迷的张爱玲曾说："人生三恨：一恨海棠无香，二恨鲥鱼多刺，三恨《红楼梦》未完。"

一生中，张爱玲每隔一段时间都要翻出《红楼梦》重新阅读一次，随着人生阅历的增加，对《红楼梦》的领悟和体味也有所不同，这为她晚年研究红学留下伏笔。1977年，她终于把考证了十年的《红楼梦》评论文结集出版，题为《红楼梦魇》。

与《红楼梦》的故事还得从张爱玲十二三岁时说起。她的古文启蒙老师是自己的父亲，张志沂喜欢看各种古体诗文，常常给女儿讲解此类诗文。张子静就曾说过，姐姐的文学才华是来自父亲的遗传。

她当时看的应该是程伟元与高鹗定稿的一百二十回的《红

楼梦》，那时的她一直以为全本都是一人所作，怎么都想不到后四十回是由他人续写。她喜欢看《红楼梦》，小时候却不喜欢看作诗与行令部分，觉得乏味，待看到后四十回时觉得实在没有前面的精彩，宁可翻到前面去看被自己跳过的部分。直到有一天，她在翻阅《续阅微草堂笔记》时，才知道《红楼梦》后四十回是高鹗所作。知道这个缘由，张爱玲既惊喜又感动，心情立即由当初的"天日无光，百般无味"转到了"石破天惊，云垂海立"。

我十二三岁的时候第一次看，是石印本，看到八十一回"四美钓游鱼"，忽然天日无光，百样无味起来，此后完全是另一个世界。最奇怪的是宝黛见面一场之僵，连他们自己都觉得满不是味。许多年后才知道是别人代续的，可以同情作者之如芒刺在背，找到些借口，解释他们态度为什么变了，又匆匆结束了那场谈话。（张爱玲《忆胡适之》）

小小年纪的她读到《红楼梦》后四十回，竟然能看出曹笔与高续间霄壤天渊之悬殊大异，用"天日无光，百般无味"来形容，不得不让人惊叹，这不只说明了她的文艺审美水平挺高，还有"通灵"之性，自有天赋。

她对《红楼梦》前八十回是爱，后四十回是恨，认为《红楼梦》不完成没事，不能坏在狗尾续貂上，把后面续写的比喻成"附骨之疽"，真是爱之深，恨之切啊。

张爱玲在 1963-1973 年的十年里，一直都在考证《红楼梦》，把考证文集取名为《红楼梦魇》，从书名"梦魇"两字可以看出，张爱玲对《红楼梦》一书的感情可谓是达到痴迷和癫疯的程度。《红楼梦》对张爱玲的影响很大，她的小说在人物塑造、情节构思、语言设置及背景描写、文风特点等各方面都明显有着《红楼梦》的痕迹，就连一些生活习性都能联想到《红楼梦》。比如她喜欢吃甜食，就联想到《红楼梦》中贾母喜欢吃甜烂之物，于是说自己"和老年人一样地爱吃甜的烂的"。

评论家夏志清在对《红楼梦》的成就评论与张爱玲小说的成就评价有着异曲同工之妙，他评论《红楼梦》是"堪与西方传统最伟大的小说相比美"；评论张爱玲的《金锁记》是"中国从古以来最伟大的中篇小说"，把两个作者和两本著作推到极高的地位。

"红学泰斗"周汝昌面对张爱玲的红学研究硕果，认定她是从红楼梦中走出来的："只有张爱玲才堪称雪芹知己，我现今对她非常敬佩，认为她是'红学史'上一大怪杰，常流难以企及。张爱玲之奇才，心极细而记（记忆力）极强，万难企及，我自惭枉作了'红学家'。"

　　在诸多《红楼梦》与张爱玲的评价中，台湾著名作家白先勇直接说到《红楼梦》对她的影响，道清了她的文学源流和掘进路数。他说："张爱玲当然是不世出的天才，她的文字风格很有趣，像是绕过了五四时期的文学，直接从《红楼梦》《金瓶梅》那一脉下来的，张爱玲的小说语言更纯粹，是正宗的中文，她的中国传统文化造诣其实很深。"

　　张爱玲生活在一个没落贵族府邸，曾经显赫一时的家世最后覆没了，和大观园由盛到衰几近一致，包括她自身的大起大落，对人生世态炎凉的感悟，与《红楼梦》书中的很多人物相近，那种从盛世繁华逐步走向毁灭没落的心境是热闹之后的荒凉，是秋日丰收之后的萧疏。

　　1973 年，张爱玲在《皇冠》发表《初评红楼梦》；1975 年，在《皇冠》发表《二详红楼梦》；1976 年，在《皇冠》发表《三详红楼梦》；1977 年，她把《红楼梦》的考据文字汇编成书，由《皇冠》出版社出版了《红楼梦魇》一书，此书的出版为她在红学界赢得了极高的声誉。

　　张爱玲最后指出："《红楼梦》要给它应得的国际地位，只有把它当作一件残缺的艺术品，去掉后四十回，任其'残缺'不完，后面可以加上原著结局的考证。"

　　有一种美叫不完美，有一种美叫残缺美，生活从来不能尽善尽美，张爱玲宁愿接受残缺不全，也不能接受附骨之疽，追求真正完美的人生往往得不到圆满。

生
离
死
别

　　1980年春天，柯灵的《柯灵选集》由香港昭明出版社出版。柯灵在一本文集的扉页上写下"爱玲老友指正"，准备寄给美国的张爱玲。打听她地址的时候，听到有人说她近年来一直杜门谢客、息交绝游，也就断了寄书的念想。

　　我这才猛然清醒，我们之间不但隔着浩浩荡荡的时空鸿沟，还横梗一道悠悠忽忽的心理长河。虽然我们沐着同一轮月光，但是天各一方。我决定把这本书什袭珍藏，作为我暮年天真未泯的一个纪念。（柯灵《遥寄张爱玲》）

　　张爱玲初闯上海文坛时柯灵对她多有帮助，交往中两人成为知交。在1944年6月至1945年6月的一年时间里，柯灵两次被日本沪南宪兵队所捕关进监狱，很少与人走动的张爱玲与胡兰成一起去他家里问候。有过这样交情的他们被时空隔离，你在这端，她在那端，想要寄本书都如天外邮书。

张爱玲去香港后，张子静和她彻底失去了联系。1981年底，上海《文汇月刊》上刊登了《张爱玲传奇》一文，这是 1949 年后大陆报刊上首次出现她的名字。在中华人民共和国成立后做了教师的张子静一直没有结婚，他的直系亲属只剩下张爱玲，当他从报纸上看到姐姐的信息后欣喜若狂。尽管张爱玲一直不待见他，张子静还是把张爱玲当成家族和本人的一份荣耀，认为有责任让更多的人知道姐姐不为人知的一面，于是就有了一本由他口述的《我的姐姐张爱玲》。

1983 年，张子静通过香港的朋友获得张爱玲的联系方式，开始和她取得联系。他在信中附上《文汇月刊》上刊登的《张爱玲传奇》，并劝张爱玲回国看看，张爱玲说不会回去。

那段时间，张爱玲在洛杉矶频频搬家，张子静再给她写信已联系不上。1988 年，张家的一位熟人拿着一张报纸慌慌张张地找到张子静，张子静在报纸上看到有人用红笔圈出的一行字："已故女作家张爱玲。"

张子静半信半疑，去熟悉的人那里打听姐姐的消息，没人听到过这个噩耗。张子静多方打听，于 1989 年联系上张爱玲。张爱玲在回信中说，自己在美国没有发大财，也没到要饿死的地步，过着平平淡淡的日子，只是没能力帮助他，为此很是惭愧，唯有祝安好。

这是姐弟俩最后一次通信，骨肉亲情，手足之情，张爱玲自始至终都是冷漠的。在她成名后，与一帮朋友办了份杂志的张子静去找她要稿都不给，唯一感到和弟弟亲近的一次出现在《童言无忌》一文中。

有时候我也让他编个故事：一个旅行的人为老虎追赶着，赶着，赶着，泼风似的跑，后头呜呜赶着……没等他说完，我已经笑倒了，在他腮上吻一下，把他当个小玩意。（张爱玲《童言无忌》）

炎樱与张爱玲自从在港大认识后，在张爱玲一生的不同阶段不时出现。张爱玲幽居在洛杉矶时，她和炎樱渐行渐远渐无书。炎樱在一封信中说："我不知道哪里得罪你了，你连封信都不肯回我。"

在某个时间段上频率相同的人才能成为朋友，时间可长可短，当两人不再在同一频率上，友谊自动终止。去美国后，张爱玲越过越差，而做房产生意的炎樱越活越风光，在上海时两人刚好相反，不同的经济状况在张爱玲心中造成了巨大的落差，也是她主动断绝和炎樱联系的原因。

1995 年 9 月 8 日，一个叫司马新的人打电话给炎樱，电话接通的那一刻，司马新说："我要告诉你一个坏消息。"朋友间心有灵犀吧，炎樱在那端立马饮泣起来。

人生就是一场戏，每个人都是自己的主角，出现在身边的人都是配角，有的戏份多，有的戏份少，有的是跑龙套的，有的只是群演。主角去世了，戏就走向了剧终，那些早已散场的重要配角有必要提一下他们各自的归宿。

第一个出场的是张爱玲的前夫胡兰成。1981 年 7 月 25 日，东京天气炎热，冲完澡的胡兰成像往常一样在书桌前坐下，提起笔刚打算写字，突然头一垂摔倒在地，因心脏衰竭而亡，结束了他 75 年的人生之旅。

自言"我于女人，与其说是爱，毋宁说是知"的胡兰成，在他的《今生今世》里留下他与八个女人的故事，也让大众更清晰地了解到他和张爱玲的爱情故事。往事如烟，人生落幕，两人早已天涯陌路。

第二个出场的是张爱玲的后母孙用蕃。张志沂在人世的最后时光败光了家产，连住的地方都没有留下。后来，在孙用蕃朋友的帮助下找到一个地方，搭了一个 14 平米的地方居住，那里鱼龙混杂。孙用蕃对邻居家的孩子倒很和善，常常拿出糖和蜜饯一类哄他们。邻居知道她是张爱玲的继母后，问当年那一巴掌的事，她笑着淡淡地说："如果张爱玲能成为作家是因为受了我的刺激那倒也是一件好事。不管外界怎么说，我一个八十多岁的老人已经无所谓了，只要问心无愧就好。"

张志沂病重时她尽心尽意地照顾；退休后的张子静搬来和她住在一起；20世纪70年代中期，她因患眼疾双目失眠雇了个小保姆伺候；1986年，在上海病逝。没有永远的爱，也没有永远的恨，当在美国的张爱玲知道她的死讯后，没有悲伤，没有痛恨，时间抹平了一切。

第三个出场的是张茂渊。1979年，丧妻的李开第与张茂渊结为夫妻，张茂渊结束了守候五十多年的感情，终于与初恋情人携手余生。20世纪80年代中国改革开放后，仍旧住在张爱玲走时的"卡尔登公寓"的张茂渊与侄女取得联系。

张爱玲去香港时，两人说定以后不联系，张茂渊却把母亲留下来的家庭影集给了张爱玲，这次明智之举有了《对照记》的出版。初次联系上后，姑侄通信并不频繁，张茂渊有时半年都收不到张爱玲的信。

1985年，受"跳蚤"困扰而屡屡搬家的张爱玲再次与张茂渊失去联系，直到1987年1月，张茂渊从柯灵那里得到宋淇的地址，给宋淇写了一封信，说自己已经八十多岁高龄，娘家就张爱玲一个亲人，希望宋淇能给她侄女的联系方式。这时，张茂渊得乳腺癌已经好几年，只是李开弟一直瞒着她。

1991年6月13日晨7:45，因乳腺癌扩散，张茂渊病故，临终前她说"此生无憾"。河流奔向大海，它没有选择直达终点，而是一路弯弯曲曲，是为了滋润更多的大地，是为了经历更多的故事。张茂渊的恋爱期虽长，结果如愿，也是一种美好。张爱玲从李开弟的来信中获知姑姑去世的那个晚上，她在黑暗中坐了很久很久。

1995年，张子静获知姐姐去世的消息，找出张爱玲的文集，翻到《弟弟》一文，看着上面的文字，想到原本一家四口只剩下自己一人在世，失声痛哭。次年，张子静去世。

每个人从出生就坐上一辆没有返程的列车，终点是死亡，旅途上不断有人上车，不断有人下车，每个人都是我们生命中的匆匆过客。

一盏盏灯亮起，又一盏盏灭了；一个个故事开始，又一个个故事结束；一个个人儿来了，又一个个人儿走了。人生就是一次次道别，终有一次是永生不见。

避世隐居

20世纪80年代中期以后，中国掀起"张爱玲热"：《收获》杂志发表了她的《倾城之恋》；夏志清的《中国现代小说史》中文译本在大陆发行，在书中大家看到了他对张爱玲小说的高度评论；柯灵的《遥寄张爱玲》在《收获》与《读书》杂志上发表；上海书店首先出版了张爱玲的成名作《传奇》旧版；紧接着安徽文艺出版了《张爱玲文集》。

在洛杉矶的张爱玲没有感受到这股"热潮"，同时期的她正经受着"跳蚤"的困扰而在不断地搬家。她怀疑到处有"跳蚤"，朋友建议她用喷虫剂，她认为那些跳蚤是南美洲的，非常顽强，小得肉眼看不见，喷虫剂不管用。

为了躲避肉眼看不见的跳蚤，她只能一次次地搬家，在1984—1988年的4年里，她一共搬家180多次，差不多平均每星期一次。她和夏志清的信中也说到这事，她说："天天上午忙搬家，下午去看医生。剩下的时间只够吃睡……"

1983年，在纽约的庄信正托在洛杉矶的朋友林式同照顾张爱玲。林式同是土木工程师、建筑商，不是文学爱好者，在庄信正提到张爱玲之前没听说过此人，后来看了庄信正寄给他有关张爱玲的资料后才对她有所了解。

林式同第一次去看张爱玲，是庄信正寄了个黄色信封要他转交给张爱玲。他到了她的住处，敲门说："我是庄信正的朋友，他让我带东西给您。"他听到从屋里传出一个缓慢的声音："我在床上，你把东西放门口吧。"林式同依言把黄色信封放在门口，等他走到电梯边时，听到身后有响动，回头看时，那个黄色信封已然不见了。

两人平时在电话里联系，一年里都没有见面。直到发生"跳蚤"事情，为了没完没了的搬家，张爱玲只好找林式同帮忙找房子。一年后，张爱玲约林式同在一家汽车旅馆的会客厅见面，先到的林式同看到"走来一位瘦瘦高高、潇潇洒洒的女士，头上包着一块灰色的方巾，身上罩着一件近乎灰色的宽大的灯笼衣，就这样无声无息地飘了过来"。

林式同并不支持她为了躲避"跳蚤"而不断地搬家，但是出于尊重，从事建筑行业的他从此开始做起她的专职"租房代理人"。

在张爱玲与宋淇、夏志清的通信中，大家都知道了她的情况。宋淇邀请她去香港医治，可是在一次次的搬家中，很多东西弄丢了，包括通行证，这时她根本去不了香港。夏志清知道后也很担心她。像夏志清这样的教授在美国有私人医生，而张爱玲去看的医院是美国政府指定专为穷人治病的免费医院。医院离张爱玲的住处挺远，又要挤公交车，可以想象穿着灯笼衣、包着方巾、穿着拖鞋的张爱玲是多么的狼狈。

10年前，美籍华人司马新在哈佛大学读研究生，通过夏志清认识了张爱玲，与张爱玲建立了书信联系。他知道张爱玲的情况后，帮她找了一位名医。医生诊断她以前受过跳蚤之害，现在痒是因为皮肤病，给她开了一些药膏。涂了那些药膏后，她的皮肤病好了，"跳蚤"事情才告一段落。

1988年秋天，皮肤病治愈后，她觉得可以找个固定住处了，于是在下城东边找了间公寓。她住在走廊最里面的一个套间里，家具齐全，门口有信箱和对讲机，那个居住区属于都市里的"第三世界"，但是张爱玲的公寓很整洁。

她平时不太出门，偶尔出门购物就会事先在纸条上列明要买的东西，一次性买很多。她放很长时间的电视，有时候连睡觉都放着，房间里除了她的走动声，就是电视机发出的声音。

十天半月她才去楼下取一次信件和报刊，都是晚上去取，包括扔垃圾也要等没人时才出去，像老鼠一样躲躲闪闪。即使这样她的住处还是被人发现了，来自台湾的某报记者戴文采住进了她旁边的一个房间。

一次偶尔的机会，"张迷"戴文采得到张爱玲在洛杉矶的地址。为了能见一下自己的偶像，戴文采找到张爱玲住的公寓，在她隔壁住下来。她很了解张爱玲的性格，不奢望能和张爱玲有所交集，只要能见上一面就好，哪怕偷偷看她一眼。

住在张爱玲隔壁的戴文采时时关注着她的动静，除了贴墙听到她的走动声和电视机声外，一直没有机会一睹其人，整整等了一个月，机会终于来了。

那天阳光很好，戴文采站在公寓前的游泳池里，两脚放在浅水中，佯装在晒太阳。她看到张爱玲打开门，侧身脸朝内弯着腰在整理几个要扔掉的袋子，门口已经放了七八个。张爱玲整理好袋子，偏了偏身子，警觉到外面有人，就没有出来。

戴文采怕惊动她，只好回到房里。她一关上房门，张爱玲就走了出来，提起那些袋子，龙卷风般朝垃圾场走去，仿佛大难将至，仓皇赶路。

垃圾桶后院落一棵合欢叶开满紫花的树，在她背后私语般纷纷飘坠无数绿与紫，因为距离太远，始终没有看清她的眉眼，仅是如此已经十分震动，如见林黛玉从书里走出来葬花，真实到几乎极不真实。岁月完全攻不进张爱玲自己的氛围，她只活在自己的水月宝塔，其实像妙玉多过黛玉。（戴文采《我的邻居张爱玲》）

见张爱玲如此警觉，戴文采知道不容易得到更多的内幕，就去翻找她刚刚丢扔的垃圾。通过那些垃圾，她了解到张爱玲平时的一些生活饮食习惯、订阅的报刊类型，还从一张纸条上看到张爱玲随手写下的一行字，说希望安静，不想被打扰，如果被采访等于是手中只有两个铜板还给人要了去。

戴文采的这次窥探还是败露了，张爱玲的朋友马上通知了她。张爱玲立即联系林式同。林式同帮她找了离原住处半英里外的一处公寓楼，这公寓楼是林式同设计和建造的，才刚刚完工。

她始终不肯麻烦别人，自己能做的事就撑着完成，这次搬家还是她一人完成。1989年3月，张爱玲出门时被人不小心撞倒，跌破了肩骨。林式同知道后打电话去询问，张爱玲还是拒绝见面和帮助。

1991年，张爱玲住的地方搬来了很多南美洲人，这些人不讲卫生，还养宠物，以致招来很多蟑螂。4月份时，张爱玲给林式同写信，再次请求帮忙找房子。林式同已搬往加州大学附近，建议张爱玲搬到那边去。

7月初，林式同在自家附近帮张爱玲找到一所公寓，房东是一个伊朗太太。这次她还是没有让林式同帮忙搬家，搬进去两个星期后，需和房东签约才约了林式同一起去，这是十几年来两人交往后的第二次见面。

张爱玲与林式同平时交谈从来不用英语，哪怕是一个英语单词都没有。这次和房东太太签合同时，林式同第一次听她用英语说话，"她的用词造句和我常用的很不一样，丰富而多姿，令我自叹弗如。真是天外有天，人上有人"。

从小爱看武侠小说的林式同像武侠书里的英雄豪杰一样特别讲义气，受庄信正所托十多年来，只要张爱玲需要就马上出现，他是张爱玲晚年通电话最多的人。没想到，这是张爱玲最后一次搬家，她在此处度过了生命中的最后4年。

繁华落尽

1992 年 2 月 17 日，张爱玲给林式同寄了一封信，信中附着一份遗书，从来没见过遗书的林式同没把这当回事。他的母亲年纪比张爱玲还大，一点儿都没事，他也从没把她和死亡联系在一起。

张爱玲在遗书中说她的遗产全部留给香港的朋友宋淇，信上却没有宋淇的联系方式，他也从来没听说过此人。张爱玲还在信中说，如果林式同不同意做她的遗嘱执行人，她可以另找他人。林式同看后随手放到一边，没有答复她。或许她把林式同的不以为意当成了默许，两人从此再没有提起过此事。

1992 年初到 1993 年底，林式同常常不在洛杉矶，这段时间两人联系较少。1995 年 5 月 17 日，林式同收到张爱玲的一封长信，信中说房东太太常找她的麻烦，要她雇人清扫房子，吵得她受不了，她要搬到赌城 Las Vegas 去。那里已是沙漠地带，林式同问她那里有没有熟人，张爱玲说没有。林式同不放心她一个人去陌生的地方，租约日期在 7 月底，他建议到期再作考虑。

半个月后，林式同再次接到张爱玲的电话，电话里说房东太太不赶她走了，让她继续住下去，两人就在电话里随便聊了会儿天。张爱玲早已称呼他为"式同"，不带姓，也不再叫"林先生"。

张爱玲对林式同说过，和他聊天是件愉快的事。这次他们还是聊得很愉快，聊天结束，张爱玲高高兴兴地挂了电话。挂断电话后，林式同才想起张爱玲刚刚在电话里问起以前住过的公寓门牌号码，因为这次和房东太太续签租约合同要用。林式同查到后马上打电话过去，才挂断电话就接到林式同的电话，张爱玲感到很是突兀。这次联系成了两人最后一次通话，语音还在耳边回绕，斯人却已远走。

1995 年 9 月 8 日中午 12 时许，正在家里看报纸的林式同接到张爱玲租住公寓经理的电话，告诉他张爱玲已经去世。林式同惊得从凳子上跳起来，这个消息太突然，他在电话里说："不可能，不可能，我不久前还和她通过电话。"

他猛然想起张爱玲寄给他的遗书，当初随意一放，忘了放在哪里，当他找到时已是下午三点。林式同庆幸这次帮她找在自家附近，车程只有十分钟。十分钟后，林式同到了张爱玲的住处。有两名办案警察正在等他，看了他的各种证件和遗书后，把一个装满信封及文件的手提包交给他，外加一串钥匙。没一会儿，殡仪馆的工作人员来了，林式同走进张爱玲的房间，看到她躺在一张靠墙的行军床上。

身穿旗袍——是一件赭红色的旗袍，身下垫着一床蓝灰色的毯子，没有盖任何东西，头朝着房门，脸向外，眼和嘴都闭着，头发很短，手和腿都很自然地平放着。她的遗容很安详，只是出奇的瘦。（林式同《有缘得识张爱玲》）

递给林式同提包和钥匙的警察说："两样东西都在靠门口的折叠桌上发现的。"大概去世前，张爱玲知道自己快不行了，于是把各种重要的东西整理进手提包里，放在门口显眼的位置上。即使临死前，她都不想麻烦别人，这是她一贯的生活作风。

大约在生命的最后几个月里，她的身体状况突然变差，吃不下东西，或许是她平时常吃的罐头一类食物没有营养，她的遗体瘦得皮包骨头，一代才女张爱玲就这样孤孤单单地走了。

　　她的家当极其简单，除了那张行军床，床前一台电视机、落地灯和日光灯外，就是一张倚在东墙靠近门的折叠床，厨房里还有一把折叠椅，一把折叠梯，这就是她全部的家当。房间里有大量的灯泡，晚年的她怕黑怕寂寞。她曾对林式同说过，有时候她一天到晚开着电视，声音开得很大，能盖过电话铃声，有时还借助电视声催眠。

　　对门朝北的床前堆着一叠纸盒，这是她的"写字台"，墙上没挂一件饰品，只是白晃晃的墙。她在遗书中提到，去世后不搞任何仪式，马上火葬，遗体不给任何人看，骨灰撒向空旷的无人之处。

　　对一个人最大的尊重就是尊重她的意愿。在世时林式同知道她不喜见人，两人交往十几年仅仅见过两次；这次更是尊重她的遗嘱，自去世到9月19日遗体火化，除了自己、房东、警察和殡仪馆工作人员再没人见过她的遗容，也没有举行任何仪式。

　　9月30日，这天正巧是张爱玲75岁冥诞。上午八点，林式同去殡仪馆领取骨灰盒，那是一个"一英尺高十英寸直径的木质圆桶，桶底扣着一片金属盖，用两个螺旋钉钉着，上面贴着张爱玲的名字"。想到十多年来与自己不时写信、电话聊天的人就在这小小的盒子里，林式同双手颤抖。

　　林式同与朋友们登上开往太平洋的船，提前准备了红白二色玫瑰花和康乃馨。风和日丽，蓝天碧海，小船行驶在平静的海面上，这是张爱玲与朋友们最后的相聚时刻。

　　我们把张爱玲的骨灰盒放在船头正中预设的木架上，然后绕以鲜花，衬托着迎面而来的碧空，拂袖的微风，真有超世出尘之感。此时晴天无云，波平浪静，海鸥阵阵，机声隆隆，大家心情哀肃，陪伴张爱玲走在她的最后一程路上。（林式同《有缘得识张爱玲》）

　　加州法律禁止骨灰撒在任何地方，包括沙漠。既不能违反加州法律，又要遵循张爱玲遗嘱，林式同选择把骨灰撒到太平洋离岸三里外的海上。到达目的地后，大家先对着骨灰盒行礼，随后林式同用螺丝起子开启骨灰盒底部的金属扣。这时，船身激烈地摇晃起来，站都站不稳的林式同在朋友的帮助下才拧开那个金属扣。

　　林式同缓缓地打开骨灰盒，解开骨灰包，走到下风处，弯下腰，在低于船舷处开始慢慢地撒骨灰……在隐隐的潮声中，灰白色的骨灰随风飘到海上……同行的人把玫瑰花和康乃馨撒向大海，海面上顿时开满了鲜花……

　　8岁那年，张爱玲随家人从天津走水路回上海，"坐船经过黑水洋绿水洋，仿佛的确是黑得漆黑，绿得碧绿"，这是大海留给她的最初印象。从此，她是大海的一分子，大海成了她永远的家。

　　三十年前的月亮早已沉下去，三十年前的人也死了，然而三十年前的故事还没完——完不了。（张爱玲《金锁记》）

　　1995年9月8日，是中国传统节日"中秋节"的前夕，这个与月亮共进退的女人没有等来生命中的第75个月圆之夜，和月亮一起隐退在白日的喧哗中。将近一个世纪前的月亮早已沉下去，将近一个世纪前出生的人也走了，可是她的一生成了一个不断被人说起的传奇故事——完不了。

张爱玲生平大事记

1920年　出生

9月30日出生于上海麦根路（今康定东路）的别墅，祖籍河北丰润，取名张煐。

祖父张佩纶，字幼樵，同治进士，晚清清流派代表。祖母李菊耦，李鸿章之女。

父亲张志沂（张廷重）为张佩伦第三子。母亲黄逸梵（原名黄素琼），门庭显赫，南京黄军门之女，是一个富有艺术修养的新女性。

1921年　1岁

弟弟张子静出生。

1922年　2岁

随家人迁居天津法租界张家旧宅。

到天津后不久，张志沂开始吸大烟。

1923年　3岁

在母亲的教导下，会背诵唐诗。

1924年　4岁

母亲黄逸梵与姑母张茂渊结伴出洋留学。

1926 年　6 岁

母亲走后，父亲将"姨奶奶"老八接回家中居住。

家里为她与弟弟请了塾师，张爱玲开始接受私塾教育。

1927 年　7 岁

写了第一部小说，一个家庭悲剧。

1928 年　8 岁

母亲与姑姑一道回国，一家人重在一起。

尝试写一篇类似乌托邦的小说，题为《快乐村》，半途而废。

1930 年　10 岁

春，父亲病愈，故态复萌，父亲和母亲争吵升级，随后协议离婚。夏，张爱玲入读上海黄氏小学，插入四年级读起，正式更名为张爱玲。

1931 年　11 岁

就读上海圣玛利亚女校，随俄罗斯老师练习钢琴。

写了第二部小说，关于一个失恋女郎的自杀故事。

1932 年　12 岁

在校刊《凤藻》上刊登短篇小说《不幸的她》，这是发表在该刊的第一篇小说，也是唯一一篇小说。

母亲黄逸梵再度出洋留学。

1933 年　13 岁

在《大美晚报》上刊登了一幅漫画，收到五元钱的稿费，这是张爱玲人生中的第一笔稿费。

在校刊《凤藻》上刊载散文《迟暮》。

开始写长篇章回小说《摩登红楼梦》。

1934 年　14 岁

升入上海圣玛利亚女校高中部。张爱玲写了未发表的《理想中的理想村》《后母的心》等文章。

父亲再婚，后母为孙宝琦之女孙用蕃，一家人搬回张爱玲出生时位于麦根路（今康定东路）的别墅内。

1936 年　16 岁

在校刊《凤藻》上刊登散文《秋雨》。

母亲黄逸梵携美国男友返回上海。

1937 年　17 岁

随笔《论卡通画之前途》刊于校刊《凤藻》。

小说《牛》《霸王别姬》及评张若谨小说《若馨评》《读书报告叁则》等刊于校刊《国光》。

夏天，张爱玲从圣玛利亚女校毕业，向父亲提出去英国留学。

1938 年　18 岁

参加伦敦大学远东区入学考试，得了第一名，但因为战事激烈无法前往就读。

1939 年　19 岁

张爱玲与母亲、姑姑迁居静安寺路赫德路口爱丁堡公寓（今常德公寓）5 楼 51 室。

持伦敦大学成绩单入读香港大学文科，认识终生挚友炎樱。

上海《西风》杂志举行三周年纪念征文，张爱玲写《我的天才梦》应征。

1940 年　20 岁

4 月 16 日，《西风》月刊征文揭晓，张爱玲的《我的天才梦》本为第一名，但正式公布时，仅获第十三名荣誉奖。

获学校两项奖学金。

1941 年　21 岁

香港沦陷，港大停课，张爱玲在大学临时医院做看护。

1942 年　22 岁

夏，张爱玲与炎樱肄业回到上海。姑母张茂渊搬迁至爱丁顿公寓 6 楼 65 室，张爱玲与其同住。

开始"卖文为生"，在《泰晤士报》上写剧评和影评《婆媳之间》《鸦片战争》等影评，给《二十世纪》月刊写了《中国的生活与服装》《中国人的宗教》《洋人看戏及其他》等散文和其他五六篇影评。

1943 年　23 岁

在《紫罗兰》月刊发表《沉香屑·第一炉香》《沉香屑·第二炉香》，这是张爱玲在公开发行杂志上第一次发表小说。

在《万象》月刊上发表《心经》《琉璃瓦》。

在《杂志》月刊上发表《茉莉香片》《到底是上海人》《倾城之恋》《金锁记》。

在《古今》月刊上发表《更衣记》。

1944 年　24 岁

　　在《万象》上发表长篇小说《连环套》。

　　在《杂志》上发表《花凋》《红玫瑰与白玫瑰》《论写作》《爱》等。

　　第一部短篇小说集《传奇》由《杂志》月刊社出版。

　　张爱玲与胡兰成结婚，炎樱为证婚人。

1945 年　25 岁

　　在《杂志》上发表散文《吉利》《姑姑语录》。

　　在《天地》上发表散文《我看苏青》。

1947 年　27 岁

　　电影剧本《不了情》被上海文华电影公司搬上银幕，由桑弧导演。

　　在《大家》月刊上发表散文《华丽缘》、小说《多少恨》（根据《不了情》改编）。

　　《传奇（增订本）》短篇小说集由上海山河图书公司出版，封面由炎樱设计。

　　在《苦竹》杂志发表散文《谈音乐》《自己的文章》。

　　张爱玲编剧的舞台剧《倾城之恋》在大中剧团卡尔登戏院（今长江戏院）上演。

　　张爱玲与胡兰成离婚。

1950 年　30 岁

　　在《亦报》上连载《十八春》（《半生缘》），署名"梁京"。

　　应邀出席上海第一届文学艺术工作者代表大会。

1951年　31岁

《亦报》出版《十八春》单行本。

在《亦报》上连载中篇小说《小艾》。

1952年　32岁

7月持香港大学证明，经广州抵达香港。

电影剧本《小儿女》《南北喜相逢》，翻译《老人与海》《爱默森选集》等作品，认识宋淇夫妇。

1953年　33岁

父亲张志沂在上海病逝。

1954年　34岁

在《今日世界》连载《秧歌》《赤地之恋》两部长篇小说。

香港天风出版社出版由《传奇》改名的《张爱玲短篇小说集》。

1955年　35岁

离港赴美，到美国后与炎樱一起去拜访胡适。

1956年　36岁

2月，获得麦克道威尔文艺营写作奖金。

8月，与认识6个月的赖雅结婚。

1957年　37岁

在夏济安主编的《文学杂志》上发表小说《五四遗事》（中、英文）。

母亲黄逸梵在英国伦敦病逝。

1958 年 38 岁

香港电影懋业公司编写《情场如战场》《桃花运》《人财两得》等剧本。

1960 年 40 岁

加入美国国籍。

1961 年 41 岁

为电影懋业公司创作剧本《红楼梦》赴香港，取道台湾，后又改编《南北一家亲》《一曲难忘》《南北喜相逢》等电影剧本。

1962 年 42 岁

3 月，离港回美。

在英文《记者》杂志发表访台记事《重回前方》。

改写《十八春》为《半生缘》

1966 年 46 岁

《怨女》单行本由台湾皇冠出版社出版。

1967 年 47 岁

赖雅在波士顿病逝。

在香港《星岛晚报》和台北《皇冠》杂志上连载《半生缘》。

1968 年 48 岁

台湾皇冠出版社出版《秧歌》《张爱玲短篇小说集》《流言》。

1969 年 49 岁

台湾皇冠出版社出版《半生缘》。

在《皇冠》杂志上发表《红楼梦未完》。

任职加州大学伯克利分校"中国研究中心"资深研究员。

1972 年　52 岁

香港今日世界出版社出版译著《老人与海》。

1973 年　53 岁

移居洛杉矶。

在《皇冠》发表《初评红楼梦》。

1974 年　54 岁

在《中国时报》人间副刊刊登《谈看书》与《〈谈看书〉后记》。

1975 年　55 岁

完成英译《海上花》（因搬家遗失译稿）。

《皇冠》杂志刊载《二详红楼梦》。

1976 年　56 岁

皇冠出版社出版散文小说集《张看》，封面为自己设计。

在《联合报》刊登《三详红楼梦》《〈张看〉自序》。

1977 年　57 岁

皇冠出版社出版《红楼梦》评论文集《红楼梦魇》。

1979 年　59 岁

《中国时报》刊登《色·戒》。

1981 年　61 岁

皇冠出版社出版《海上花注译》（吴语对白译成普通话）。

7 月，胡兰成在日本东京去世。

1983 年　63 岁

　　皇冠出版社出版小说剧本集《惘然记》。

1986 年　66 岁

　　在《联合报》副刊连载《小艾》。

　　后母孙用蕃在上海病逝。

1987 年　67 岁

　　皇冠出版社出版《余韵》

1988 年　68 岁

　　皇冠出版社出版《续集》。

1989 年　69 岁

　　在《联合报》上连载剧本《太太万岁》。

1991 年　71 岁

　　6 月，姑母张茂渊在上海去世。

　　7 月，皇冠出版社出版《张爱玲全集》。

1994 年　74 岁

　　皇冠出版社出版《对照集》。

1995 年　75 岁

　　9 月 8 日，在洛杉矶西木区公寓内去世。

　　9 月 19 日，遗体火化。

　　9 月 30 日，骨灰撒于太平洋。

参考书目

[1] 张爱玲. 张看 [M]. 广州：花城出版社，1997 年.

[2] 张爱玲. 张爱玲文集 [M]. 合肥：安徽文艺出版社，1992 年.

[3] 张爱玲. 红楼梦魇 [M]. 北京：北京十月文艺出版社，2019 年.

[4] [美] 海明威. 老人与海 [M]. 张爱玲译. 北京：北京十月文艺出版社，2020 年.

[5] 张爱玲，庄信正. 张爱玲庄信正通信集 [M]. 北京：新星出版社，2019 年.

[6] 王芸. 张爱玲传：我的孤单是一座花园 [M]. 武汉：长江文艺出版社，2018 年.

[7] 孔庆茂. 流言与传奇——张爱玲评传 [M]. 北京：商务印书馆，2013 年.

[8] 苏青. 结婚十年 [M]. 北京：中国妇女出版社，2015 年.

[9] 胡兰成. 今生今世 [M]. 香港：槐风书社，2018 年.

[10] 周妆昌. 定是红楼梦里人：张爱玲与红楼梦 [M]. 北京：团结出版社，2005 年.

[11] 邱彦明. 人情之美 [M]. 北京：中信出版社，2017 年.